晨曦下的『亚洲隐士』

邓予立 著

LAOWANTONG
MANYOU MIANDIAN

老玩童漫游缅甸

中国社会出版社

国家一级出版社·全国百佳图书出版单位

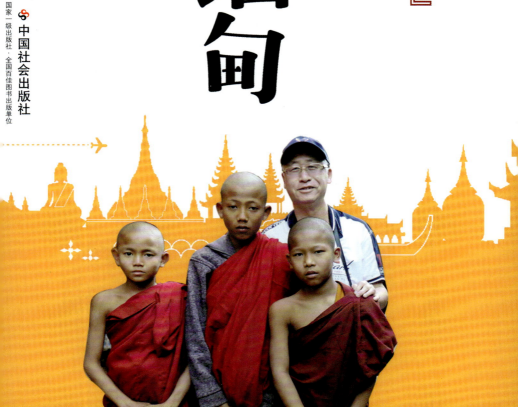

图 书 在 版 编 目 （CIP）数 据

晨曦下的"亚洲隐士"：老玩童漫游缅甸／邓予立
著．—北京：中国社会出版社，2020.9
　　ISBN 978 - 7 - 5087 - 6384 - 2

Ⅰ．①晨…　Ⅱ．①邓…　Ⅲ．①缅甸 - 概况　Ⅳ.
①K933.7

中国版本图书馆 CIP 数据核字（2020）第 143172 号

书　　名：晨曦下的"亚洲隐士"——老玩童漫游缅甸
著　　者：邓予立

出 版 人：浦善新
终 审 人：尤永弘
策划编辑：刘海飞
责任编辑：魏光洁

出版发行：中国社会出版社　　　　邮政编码：100032
通联方式：北京市西城区二龙路甲 33 号
电　　话：编辑部：（010）58124827
　　　　　销售部：（010）58124827
网　　址：www.shcbs.com.cn
　　　　　shcbs.mca.gov.cn
经　　销：全国各地新华书店

中国社会出版社天猫旗舰店

印刷装订：河北鑫兆源印刷有限公司
开　　本：145mm×210mm　1/32
印　　张：5.5
字　　数：130 千字
版　　次：2020 年 11 月第 1 版
印　　次：2020 年 11 月第 1 次印刷
定　　价：78.00 元

中国社会出版社微信公众号

感受缅甸独特的自然文化

一晃，与邓予立先生相识已 10 多年了，随着接触和交流的增加，我对他有了更多的了解从而产生由衷的敬意。用四句话概括如下：

满头银发智慧丰富，金融专家外汇教父；

商旅五洲朋友无数，豁达阳光君子风度。

我眼中的邓先生集七家于一身。

一、金融家。邓先生先后在浙江兴业银行香港分行、交通银行、美国花旗银行香港分行工作。1990 年，他与友人创办亨达集团，经营金融服务业，目前在 14 个国家和地区设有 17 家分公司。

二、旅行家。邓先生为自己定下旅行 150 个国家的目标。在工作之余，他畅游四海，行走于全球各地的壮丽山河，至今已去过 146 个国家。

三、摄影家。邓先生每到一地旅行，即写成一段文字，拍摄一组照片，发给一群朋友。目前他已在 10 多个国家和地区举办了 20 多场个人摄影展。特别是 2019 年，中华人民共和国成立 70 周年大庆，他分别在北京、福州、台湾、洛杉矶、伦敦等地举办"锦绣河山"巡回摄影展，宣传我国改革开放的成就以及祖国的壮丽河山。

四、作家。邓先生博览群书，勤于笔耕。从2000年至今，共出版了15部著作，内容涉及金融、旅行以及时事政评等诸多方面。他既有现代企业家敢闯敢拼、追求卓越的雄壮气魄，也有儒家文化中"读万卷书，行万里路"的境界追求。

五、收藏家。邓先生喜爱收藏，尤其喜欢红酒、钢笔、奇石等。自20世纪70年代开始，邓先生就有寻找、收藏矿石的爱好，从旅途中捡拾或收购的世界各地矿石多达5000块。90年代开始，他涉猎欧洲名牌钢笔，30年来收集了逾千支。

六、慈善家。邓先生从2009年起，每年在北京、陕西、山西、广东等地捐款赞助希望小学。曾对扬州江都区等地的贫困家庭进行慰问捐助，也曾对汶川地震、盐城龙卷风等救灾捐款。

七、社会活动家。邓先生热心社会事务，担任北京市政协港澳台侨工作顾问、中国和平统一促进会理事、中华海外联谊会理事、瑞士华商会创办人兼会长、亚太台商联合总会永远荣誉总会长，同时他还是欧洲东罗马王国拜占庭王室亚太之星勋爵。

我用八句话概括对邓先生的印象：起步供职在银行，外汇交易名声响（被称为"外汇教父"），周游列国独自闯，美的瞬间留影像，图文并茂书分享，红酒钢笔奇石藏，乐于捐献心善良，热爱祖国美名扬。

此次，邓先生游历缅甸，并写成《晨曦下的"亚洲隐士"——老玩童漫游缅甸》一书，描绘缅甸2500年历史带来的深厚文化积淀。无论是仰光大金塔、孟邦大金石等佛教之国的独特文化，还是茵莱湖等地梦幻壮美的景致，抑或是曼德勒皇宫、敏贡古城等历史遗迹，都在向人们展示一幅幅宁静祥和的美丽画卷。

同时，邓先生在字里行间还记叙了缅甸开启与外界交流接轨以来的变化。当地商业、旅游业日益兴起，国民正逐步进入新的生活状态。邓先生用平实生动的文字，引领读者身临其境，感受缅甸独特的自然文化，体会这个古国遁世与入世的神秘变换。

在书中邓先生记叙了自己借助热气球，从另一个角度欣赏破晓时分茵莱湖从沉睡至苏醒的过程。而邓先生的书，也正如那个热气球，让我们从另一个角度，欣赏缅甸清幽独特的美，阅读到这个失落国度从沉睡至苏醒的过程。

最后，借用邓先生书中的一句话：缅甸，未到过的朋友们，请务必来一趟。而本书，未读过的朋友们，也请读一读。

原扬州市人民政府副市长、扬州市人大常委会副主任　纪春明
2019 年 11 月 1 日

最美的风景在路上

奥古斯丁曾说过："世界是一本书，而不旅行的人们只读了其中的一页。"

我也曾听过这样一句话："一段新的旅行，仿佛是一次重生。旅行不仅是一种可以带来开阔眼界、游览风光、广交朋友等多种益处的生活方式，而且更是一种人与自然共生和谐的内在需要。"

每一次出门，每一次踏入不同的环境，对于自己而言，就是一次重生。

我与邓先生相识已有 10 余年，我与他均是北京市政协港澳委员。邓先生最早在香港从事金融行业，圈内都称他为"外汇教父"。他有着金融家所特有的那种细致、谨慎，同时他也是一个性格开朗、热情乐观的人。更难得的是，他浑身散发着艺术的气息。多年来他周游列国，将自己的感受用文字和图片记录下来，并将之以书本和摄影展的方式与大家分享。缅甸，是邓先生踏足的第 143 个国家，目前他已旅游 146 个国家，这本书是他的第 12 本博文集。邓先生一直坚持着用有限的时间，去开启无限的旅程，实属不易。

我也热爱旅行，能够深刻地体会到歌德曾说的："人之所以爱旅行，不是为了抵达目的地，而是为了享受旅途中的种种乐趣。"所以当邓先生邀我为他的这本书作序时，我内心感到受宠若惊。因为，我能第一时间看到这些文字，并从字里行间去感知这一趟旅途中的种种经历，这对我而言，无疑是一趟心灵的旅行。

相较现在动辄 10 余万字的小说、散文集，本书篇幅算是较短的。但它又很厚重，书中不仅写自身游览过程中的所见、所闻、所感，更是提及了缅甸的过去、现在和将来，详尽介绍这个国度的历史、文化、建设以及政治、经济、改革等，让人通过阅读本书便能对这个国度了解得比较通透、全面。

书中描述的缅甸各处人文、自然景观，无一处不让人心动。而我印象最深的莫过于茵莱湖区的景色。中国古有陶渊明的世外桃源，而本书描述的茵莱湖也给人一种鸡犬相闻、怡然自乐的和平安逸画面。邓先生更是提到湖中村落的环境已渐现污染迹象，由此可见，邓先生之书，并非仅仅描述游山玩水。他更希望通过自己的文字，感召当地居民和单位，以及外国游客能意识到环保的紧迫性，保护缅甸国度的这一"世外桃源"。

在邓先生笔下，缅甸，这个古老与现代相伴相随的国家，正散发着独一无二的魅力，让我也感受到它的灵魂与悸动，沉浸其中，久久不能出神。这，或许就是历史沉淀的力量。

我能提前拜读这些文字，让心灵再一次踏上旅程，实属有幸。略有所感，谨以为序。

全国工商联十二届执委

中国人民政治协商会议北京市委员会港澳委员　马春玲

2019 年 10 月 26 日晚于北京

透过镜头一起漫游

镜头，是我与邓主席相遇的缘由。

还记得 2018 年，徕卡台北旗舰专卖店非常荣幸地收到邓主席的邀请，一同参与《原·野》摄影展的台北站，透过展览中的照片，我仿佛就站立在大草原上，经历了一场非洲大冒险。而邓主席前一本作品《老玩童漫游阿拉伯》，摄影展中那令人难以忘怀的照片立体背板，超大尺寸输出，震撼的影像使人身历其境。邓主席总是乐于分享他旅程中的故事，眼神中不断流露出对世界的热爱。邓主席是大家口中的"外汇教父"，而手中拿着徕卡相机，透过镜头捕捉眼前景色的邓主席又是一位记录者、摄影师、艺术家，更是一位冒险家，他有着热爱旅行的灵魂和一双发现世界之美的眼睛。

缅甸，对于我来说是陌生且遥远的神秘国度，但透过本书跟随着邓主席的脚步，从陆路到水路甚至空中搭乘热气球，一层一层揭开这个神秘国度之面纱。旅程中发生的各种故事，我深信读者读完这本书，都会被邓主席那勇于冒险的心所感染。而一张张照片，更开阔了大家的眼界，引发出一段段美好的回忆。

影像是人类最重要的记录方式之一，透过影像我们了解历史，也看见足迹未曾到达之地的美丽与新奇。生活中我们不停地在忙碌与奔波，透过文字与照片，我们能够跟随邓主席的脚步，穿梭在世界的每个角落，找到心灵的片刻安宁。

缅甸之行，邓主席离 150 个国家的旅游目标更靠近一步了。让我们跟着这位旅行达人，来一场深度且精彩的缅甸行吧！

徕卡台北旗舰专卖店总经理　张义雄

2019 年 10 月 30 日

从心出发　步入辉煌

　　邓予立先生每年一本的新作又准备出版。有幸得邓先生邀请为本书作序，不胜惶恐。本书沿袭邓先生一贯的独特视角，将眼光投注在对大多数人来说既熟悉又陌生还略显神秘的国度——缅甸。书中有对缅甸建筑、人文习俗绘声绘色的细节描绘，也有身在其中的亲身体验；既有对历史、宗教传承的翔实讲述，也有对缅甸人民民族情感的理解和关爱。邓先生通过引用我国历代诗人如陶渊明、王勃和李后主李煜的名句来抒发自己的情怀，也借用陈毅元帅的诗句贴切道出茵莱湖和老蒲甘的美景，其深厚的国学基础和对当代文化的熟稔程度可见一斑。邓先生更凭借对流行文化的留心观察和良好吸收，流畅自如地借用流行歌手朴树演唱的歌曲《平凡之路》的歌词来表达自身感受。同时我也惊奇于他对西方文学之涉猎：借用英国诗人吉卜林和作家毛姆对大金塔和蒲甘佛塔的描绘，使人有身临其境的亲切感。

　　游记中的所有照片，亦都是邓先生自己的精心之作。书中几次提到捕捉日出和日落美景的往返行程，折射出了他对摄影艺术的热忱追求。正是凭着这份热情和坚持，才使我们有机会欣赏到如此壮观美丽的精彩画面。

邓先生通过他中西合璧的文化素养，细腻传神的描述手法，图文并茂的表现方式，为我们勾勒出缅甸鲜活而清晰的国家轮廓，金碧辉煌的寺院文化和积极向善的人文场景。像邓先生系列文集中的其他作品一样，这本缅甸游记不仅使人增长了见闻，同时还以文会友，使读者从书中领略到了邓先生独特的人格魅力和才华。加入亨达集团15年，我对邓先生独特的人格魅力和过人才能深有体会，我总结为"三心"和"三力"。

"三心"分别如下：

勇敢的心：凡事敢为天下先，勇于进取，不畏险阻；

真诚的心：待人真挚诚恳，宽容大度；

探奇的心：视角开阔，不断探索，积极向上。

"三力"分别如下：

洞察力：具有敏锐的观察能力，事无巨细，均能捕捉到事物的本质特点；

决断力：遇事果断，决断力强；

交往力：为人亲和，重情重义。

正是通过运用自己超凡脱俗的人格魅力和过人的精力、能力，邓予立先生使自己成为一个名副其实的旅行家、收藏家、摄影家及游记作家，更是在自己的专业领域——外汇交易方面成为业界翘楚。此书出版发行之时，恰逢亨达集团成立30周年暨纽西兰公司成立 20 周年之际，借此机会也衷心为集团送上一份感恩和祝福，期待未来更美好！

亨达（纽西兰）有限公司行政总裁　韩钧

2019 年 11 月 11 日

仿佛亲身走了这一趟旅程

　　2020 年老伴儿邓予立又有新书写成，他邀我为他写序。这 10 年来，他定下了一个目标：每年出版一本游记杂文。至今已经是第 12 本了，但请我写序还是头一回。2020 年是格外值得庆贺的一年，距离我俩 1970 年在银行任职时相识，正好是第 50 个年头；我俩由同事关系进展为伴侣关系，今年是人生伴侣旅程第 40 年的"红宝石婚"；2020 年也刚好是邓先生创立亨达集团的 30 周年，更是老邓迈入古稀之年。对于老伴儿而言，2020 年正是喜事连连，能为他的新书写序，自然是无法推辞了。

　　自 2008 年起，老邓卸下亨达集团管理的重任后，一直贯彻他"活在当下、积极人生"的理念，开启了他云游四海的生活。他甚至立下宏大的目标，想在 70 岁生日来临前，完成游历世界 150 个国家的愿望。据他的统计，至新书出版时，他已旅游了 146 个国家，与定下的目标相距甚近。我也借此祝愿他早日达成这个心愿。可惜的是我无法成为他环游世界途中的旅伴，我自知自己的体力，无法跟上他的健步如飞，以及研究旅行国家的历史、人文和景貌的兴致与精力。我唯有在背后默默给予支持和祝福，守护整个家庭，并为他创立的事业把守最后一关，让他能够心无旁骛、敞开心扉地游玩于世界天地之间，在开阔视野之余，继续为集团努力开山劈地，创立更多的海外分公司。

2017年我随国际华商协进会前往缅甸参加第14届世界华商大会，回来后把这个佛教古国介绍给老邓，未有料到他2019年就动身出游缅甸，甚至比我更多、更深入了解该国的文明与文化。从缅甸回来后，我目睹他花了三四个月时间，伏案挥笔，把亲身经历写成一篇篇游记。我在写序前，通览文稿，他深入浅出，用通俗的语言文字记录下他的旅行，正好为我回忆当年走过的缅甸之路，而且又丰富了我对这个佛教之国的认识。无论是场面浩荡壮观的千人僧饭、乌本桥夕照余晖下勤奋撒网捕鱼的渔夫，又或是日出时分从蒲甘搭乘热气球俯瞰云雾迷蒙间的万千佛塔，在精彩文字与照片间，我自己也仿佛又亲身走了这一趟旅程。

老邓以工作认真、对人热忱、深明大义、热爱国家和民族为朋友所称道。我们一起走过的50年日子，彼此珍惜，互相敬重，借此序祝贺老邓70周岁生辰快乐，期待他完成150个旅游国家的目标后，有余闲再为读者和朋友写游记，与大家共享他的旅游乐趣。

亨达集团董事　吴肖梅

2019年10月31日

揭开"亚洲隐士"的面纱

　　2020 年是值得特别铭记与庆祝的一年：这一年不仅是我白手起家，创立亨达集团的 30 周年庆；也是我与内人喜结良缘 40 载，庆贺难得可贵的"红宝石婚"；我更在这一年迈入了人生旅程的 70 周岁，成为真正的古稀之人。可以说 2020 年是喜事连连。

　　在对我而言充满多重纪念意义的一年里，很高兴能有机会和大家一起分享我在缅甸这个"佛之国度"的种种经历，并由衷地感谢以下几位好友（包括我内人）愿意拨冗替我的新书作序：

　　·原扬州市人民政府副市长暨扬州市人大常委会副主任纪春明；

　　·全国工商联十二届执委暨中国人民政治协商会议北京市委员会港澳委员马春玲；

　　·徕卡台北旗舰专卖店总经理张义雄；

　　·亨达（纽西兰）有限公司行政总裁韩钧；

　　·亨达集团董事吴肖梅。

　　位于中南半岛西北部的缅甸，将近九成的国民信奉佛教，这本应是个传递宁静祥和的佛国净土，然而在世人眼中，该国却多半与种种负面的信息挂钩：曾沦为殖民地、内战不断、受军政府把持、封闭锁国等，很长一段时间里缅甸处于经济低迷不振、人民生活贫困的状态，可以说是百废待兴。甚至在近年改革开放后，依然发生罗兴亚种族与宗教的冲突和迫害。或许受这些信息的影响，当我走遍各大洲，回过头来，才发现自己居然从未造访过这个中国的近邻。

缅甸是我旅游世界途中所踏上的第 143 个国家（本书截稿前，已旅游 146 个国家，达成旅游 150 个国家的目标近在咫尺）。我是在 2019 年 1 月初次来到缅甸，乘着"一带一路"之风，在旅游的同时，不忘兼顾商机的寻找。当旅程结束后的几个月内，我又再度拜访这个国家，这回不再只是一人独行，还带上公司的同事，并开始进行业务开拓事宜。尽管两次来到缅甸的时间间隔不久，我却已感受到这个国家极具发展的潜力，变化十分迅速。"亚洲隐士"正逐渐揭开面纱，努力要追上世界发展的步伐。

在 10 多天的旅程中，我从缅甸最大的城市仰光，波光粼粼的茵莱湖，到佛塔林立的蒲甘，再到曾为王朝首都的曼德勒等古城，缅甸在我面前呈现了或沉静、或动感的多种样貌，各有不同的魅力。而其中给予我最深刻的印象，大概是在简朴困苦的生活环境下，无论成人或儿童，那羞赧中带着真诚与友善的笑容吧！同时无数佛像与佛塔在经年累月间贴上一层又一层的金箔，道尽了人们无比的虔诚信仰，也带给我无限的震撼与感动。

自开放以来，缅甸每年的游客人数持续上升，已成为中国及其他许多国家的热门旅游点。政府积极发展旅游观光产业，许多新的景点也陆续被开发。在此我想要提醒各位朋友，若您打算前往缅甸，无论是观赏原始自然风光，或是历史人文古迹，都应尽早安排。缅甸加速开发的脚步，固然会让游客更为便利地游览和了解这个国家，并对国家经济发展具有正面的影响，带动改善人民的生活。但从另一个角度来看，过度的开发和游客人数的增长，极有可能导致自然环境被破坏、古文物遭受损害等负面的冲击。当然，如何在推动改革开放的同时，兼顾自然环境与文物古迹的保护，这也是政府积极拓展旅游业、振兴经济时，不应该忘却的一项发展目标。我也深切期望这个国家的未来，在各方面的努力开花结果的同时，依旧能够保有那份独特的美丽。

邓予立

2020 年 1 月

目 录
CONTENTS

缅甸/Myanmar

缅甸联邦共和国（The Republic of the Union of Myanmar），简称缅甸，位于中南半岛西部，为东南亚国家联盟的成员国，旧名 Burma，1989 年才改成 Myanmar。总人口 5300 多万，近 9 成民众信仰佛教。缅甸也是东南亚大陆面积最大的国家，三面环山，属于夏季闷热的热带季风气候。

失落的国度

2019年1月，新年度才刚揭开序幕，我的"旅游150个国家"目标之旅又继续起航了。这趟旅程的目的地，选择了邻近中国、位于中南半岛西部的国家——缅甸（Myanmar）。缅甸名字源自梵文，意为坚强、勇敢。这个唯一与印度和中国接壤的东南亚国家，西南临缅甸海（旧称安达曼海），东南接泰国与老挝。国土面积约68万平方千米，总人口5300多万，是一个以农业为主的国家。

缅甸与中国的边境线长约2200千米，与云南省紧紧相依，山水相连。可是对于这样一个近邻，在踏上它的土地之前，我却对它所知甚少，印象最深刻的是经常出现在新闻中的政治人物——昂山素季（Aung San Suu Kyi），以及我喜爱收藏的缅甸翡翠。

缅甸的国歌《世界不灭》中有几句让人十分感动的歌词："直到这个世界毁灭，缅甸依然存活！我们热爱我们的土地，因为这是我们真正的遗产。我们决意牺牲我们的生命保护我们的国家……"缅甸究竟是个怎样的国家呢？我深切地盼望这趟旅程能带给我更多的认识和了解。

出发的前两天，我突然患上重感冒，这严重影响了旅游的兴致，甚至产生临阵退缩、打退堂鼓的念头。最终我还是抱恙启程，原先只打算到仰光养病停留两天。始料不及，待我到达缅甸后，该国丰富的人文历史、壮丽的宗教遗址，以及如诗如画的自然景色，让我顿时提振精神，不药而愈。意犹未尽之下我一再把旅游时间延长，最后在这个"失落的国度"足足度过了 12 天。

我从北京出发，到缅甸的航程有 5 个小时，借由这段空当，我搜寻有关缅甸的资料，打算在抵达当地之前，先对它有些初步的认识和了解。

缅甸是一个历史悠久的文明古国，旧称洪沙瓦底。早在 2500 年前，这片土地已成为与中国、印度和中东地区的商贸重地。1044 年，它进入黄金盛世，成为统一的国家，经历了蒲甘、勃固、东吁和贡榜四个重要的封建王朝。后来由盛而衰，19 世纪先后 3 次被英国武力侵略，沦为英属殖民地；更悲惨的是殖民后期它同时遭受日本军队占领，以掠夺性的方式统治了 3 年半的时间，还让这片美丽的土地成为第二次世界大战时东南亚的主要战场之一，这对缅甸来说更是雪上加霜。

1942—1943 年，英军和中国赴缅远征军在此与日军作战，这段中国远征军的历史，是中国军队史上无法愈合的伤痛，也是我们每一个中国人任何时候提起都要肃然起敬的一段历史。

1948 年 1 月，缅甸正式脱离英联邦宣布独立，成立缅甸联邦共和国，以仰光为首都（2005 年 11 月，缅甸将首都迁至内比都）。然而独立之后的缅甸并未就此朝向进步稳健发展，反而陷入政党纷争、军政府独裁统治阶段，街头民众示威游行、政府武装镇压的乱局一再发生，加上以美国为首的西方国家经济制裁，又遭受地震和强烈风暴等天灾侵袭，多重打击使得缅甸经济衰退，人民生活在痛苦与失望中。

直到 2015 年，"缅甸国父"昂山（Aung San）将军之女昂山素季经过 21 年不懈的民主斗争，领导全国民主联盟（简称民盟）经由公开自由的选举，取得大胜，获得执政权。自此，缅甸才从世界上最不发达的国家（未开发国家）的低谷中逐渐走出，开启与外界的交流接轨。

尽管近年来国内发生罗兴亚种族和宗教的纷争等负面事件，但新政府坚持为改善民生推行一系列改革，鼓励外资在当地投资设厂，努力发展经济，并积极开发旅游业。总体来说，缅甸一切都在往好的方向前进，但想要看见这些努力开花结果，尚需一些时日。

缅甸是虔诚的佛教国家。佛教自印度传入当地已有两千多年的历史。据统计，全缅甸有 89% 的人民是佛教徒，几乎可以说是全民信佛，堪称"佛教之国"，佛教对人民的文化和生活具有深刻的影响。在我整个缅甸的行程中，佛塔和庙宇几乎到处可见，无论是途经的城市、乡镇或农村，无一例外。大街小巷经常可遇见穿着褐红色袈裟的僧侣，还有"粉红女郎"——身着粉红袈裟的尼姑。经导游介绍，我才知道在缅甸男性有出家当和尚的义务，对女性则没有这样的限制。不过和尚的地位很高，尼姑却比一般人还要低。当地人们普遍认为，男性一生中有两件大事要完成：

出家和结婚。出家被视为答谢父母的一种方式，且是从男孩通往男人的必经之路。传统上，所有的男性在7岁之后会进僧侣学院修读佛学，为期数周或数年不等，结束后可自由选择返回俗世生活，或继续受戒成为僧侣。

在缅甸人身上，精神的富足与经济的贫困奇妙共存。千百年来，缅甸人民靠着佛教作为精神支撑，度过种种苦难岁月。可以说，佛教已经融入缅甸人的骨血之中，成为他们生活中无法切割的一部分。

在此，我想特别提起缅甸与中国的渊源。在查询数据时，我才了解到"缅"字代表遥远的意思，"甸"则指的是郊外，因此"缅甸"两字合在一起，意指"遥远的郊外"，而这，便是古代中国对该区域的称谓。

跟中国一样，缅甸是个多民族国家，由135个不同民族组成，其中，缅族（Bamar）占72%，其余民族包括钦族（Chin）、克伦族（Kayin）、克钦族（Kachin）、克耶族（Karenni）、孟族（Mon）等，其中还有一些民族与中国少数民族同源。

由于地缘关系，自古以来，中缅就有着频繁的往来。据史料记载，早在汉朝，中国的商人就以马帮的形式，将丝绸等物资沿着伊洛瓦底江和怒江水道运入缅甸，并换回缅甸的宝石、翡翠等珍品，正是"山间铃响马帮来"。此后，各个朝代两国亦互派使节，交往频繁。

作为中国近邻，缅甸是最早承认中华人民共和国的国家之一。值得一提的是，1993年7月31日竣工通车的缅甸

缅甸为佛教国度，各地佛塔林立

仰光丁茵大桥，是中国援缅的最大项目。该桥全长 1822.6 米，是东南亚最大的公路铁路两用桥，中国为此提供了 2 亿多元人民币的无息贷款支持这项建设。这样看来，在更早的时候，缅甸便已经被纳入中国的"一带一路"中了。

翻阅着关于缅甸的各种数据，时间快速流逝，转眼之间，航程即将进入尾声，随着飞机缓缓降落，缅甸最大城市——仰光（Yangon）也逐渐展现在我的眼前。

神迹大金塔

　　过去 10 年的旅游，我不断拓展行走的版图，套用一句中国内地著名歌手朴树的《平凡之路》歌词来描述，正是"我曾经跨过山和大海，也穿过人山人海"，我曾欣赏南极的冰川，又闯入非洲的动物世界。在世界上绕了大半圈之后，如今转过头来，回到自家门前看看。缅甸是我这趟中南半岛旅程中首先抵达的国家，仰光则是我来到缅甸的第一座城市。

　　仰光一直沿用相同的中文名称，未有改变，其英文却辗转由 Rangoon 改为 Yangon。不仅如此，自 1855 年开始，仰光作为英殖民地的首都，直到缅甸独立。2005 年 11 月，缅甸政府突然宣布迁都到现在的首都内比都（Naypyidaw）。究竟出于什么原因，使得政府决定迁都和更改仰光的名字呢？我揣想，大概是因为现今的首都位居全国的中心地带，处于缅甸两大城市仰光和曼德勒（Mandalay）中间，属于盆地的地形，相较于仰光，拥有防御性较佳的战略位置吧。

　　至于改名的原因，我在旅途中阅读了英国历史学家理查德·科克特（Richard Cockett）的《变脸的缅甸》（*Blood, Dreams and Gold: The Changing Face of Burma*）和缅甸学者吴丹敏（Thant Myint-U）的《缅甸——新亚洲的博弈竞技场》（*Where China Meets India：Burma and the New Crossroads of Asia*）两部著作。两位作者在书中提及缅甸的过去、现在和将来，详尽介绍该国的历史、文化、建设以及政治、经济改革等。而两书共同的论点，就是当前政府对于去殖民化所做的努力。为了回归自身的文化，缅甸政府不仅更改了仰光的英文名称，连国名的英文都由 Burma 改为 Myanmar 了。

理查德·科克特在《变脸的缅甸》一书中，一方面形容缅甸如马赛克镶嵌画一样美丽；另一方面却将仰光描写为一座血、梦想和黄金之城……从当代亚洲大都市来说绝无仅有。他的种种叙述勾起我的好奇心，迫不及待地想要亲眼见证这座城市是否真如书中所述。

昔日的故都仰光不管是过去或现在，都拥有比当今首都内比都还要高得多的知名度，当然，它也依旧是缅甸最大、最繁华的城市，目前人口超过 700 万。

仰光国际机场的规模显然比不上中国的一线城市，甚至还不及台北的松山机场。不过它在 2005 年曾翻新修建，是一座现代化设备完善、光线充足、井然有序的机场。海关查验的人员热情有礼，对从北京来到的中国旅客，基本上能用普通话交流，完全没有语言的隔阂。而我呢，操着带有粤语口音却流利的普通话，自然顺利入境，不在话下。

我从机场直接乘车前往市中心，沿途见到无数佛塔、寺庙，或为砖石堆砌修筑，或为镀金，在阳光下流光溢彩，熠熠生辉，这些让我联想到缅甸"佛塔之国"的美称。

　　来到仰光，二话不说，当然得先参观这座城市的地标，也是缅甸的国家象征——仰光大金塔（或称仰光大金寺）。它与柬埔寨的吴哥窟、印度尼西亚的婆罗浮屠塔一同被誉为东方艺术的瑰宝，是驰名世界的佛塔，如此名号，怎能够错过呢？无论是个人自由行或团体旅游，来到仰光的第一个景点，非大金塔莫属。

　　大金塔坐落在市中心区，占地面积达 46 公顷，建在海拔约 50 米高的圣山（Singuttara Hill）上，由于地处仰光最高点，在市区的任何一个角落都可以看到它的巍峨壮丽、金光闪烁。当地人将大金塔称为"瑞大光塔"（Shwedagon Paya）。在缅甸语中，"瑞"代表的是"金"，"大光"则是仰光的古称。

　　关于这座佛塔的历史，导游讲来绘声绘色，颇有传奇色彩，且当故事来听。传说 2500 年前，一对商人兄弟提谓（Tapussa）和婆梨迦（Bhallika）有缘遇上刚在印度菩提伽耶成道后的佛祖，遂成为佛祖的追随者，并以米糕和蜂蜜供奉佛祖。佛祖后来从头上拔下了 8 根头发送给兄弟两人，他们经历千辛万苦返回缅甸，在当地国王的帮助下找到圣山，建造这座佛塔，又把佛发放在一个镶有宝石的匣子里，珍藏在大金塔内。

　　此后的 2000 多年里，朝代更替，遭逢无数天灾人祸，佛塔也历经多次修复和重建。15 世纪，勃固王朝的王后信修浮（Queen Shinsawbu）捐了相当于其体重的黄金，将黄金敲打成金箔，覆盖塔身，这个举动成为替佛塔镀金的开端，从而演变为一项传统习俗；其后，她的女婿达摩悉提（Dhammazedi）更是捐出他和王后体重4倍的黄金，并加上大量宝石的装饰；18世纪贡榜王朝的"白象王"辛标信（Hsinbyushin）再次整修金塔，不仅将塔身加高至如今的99米高，还添加与其体重相等的77千克金箔。

我来到古迹圣地时已届黄昏。圣地共有东西南北4个入口，我是从北面进入的。每个入口处都有一对高9米的巨型守护神辛特（Chinthe），在缅甸神话中，辛特是一种半龙半狮的神兽。

凡进入大金塔的善男信女和旅客均要经过严格的安检，且规定必须穿着端庄的服装，不可暴露，同时得脱掉鞋袜，方能踏上大金塔的范围，以示对圣地的尊敬。据导游介绍，在英国殖民时期，英国官员和军队无视此规定，穿着鞋袜、踢着军靴、持着武器在大金塔周围巡逻走动，这对缅甸人民来说，无疑是一种亵渎。不仅如此，英军还大肆掠夺金塔中的宝物，包括企图运走一口巨钟，幸而终未得逞。种种行为虽令缅甸人民极度愤怒，但在武力淫威下他们又无可奈何。

我先按规矩脱下鞋袜，再转乘电梯升至主平台，穿过铺有光滑大理石地板的长廊，一座宏大的寺院群出现在我们眼前。我仰望中央近百米高的巨大金塔，此时正巧是维护保养期间，金塔周身被密实地包覆起来，唯独留下塔尖未被遮住。它直指苍穹，在夕阳照射下显得格外耀眼夺目。大金塔周边围绕着64座小塔和4座中塔，塔身均由木材、

差点被英军掠夺的巨钟

大金塔是仰光的城市地标，塔身正进行维护保养

石料建成，色彩繁多、形态风格各异，如众星拱月烘托着
大金塔。不过其中也有好几座塔罩上了蓝布，同样在进行
维护中。

大金塔的门票

大金塔的塔顶

寺内的卧佛

　　我跟随导游以顺时针方向缓步绕塔，聆听着他的介绍。原来金塔并非镀金，而是纯金建造。据统计，目前塔身的黄金重量已达 7 吨，且塔上还镶嵌了 5000 多颗钻石、2000 多颗红、蓝宝石及其他贵重宝石，塔顶上有个做工精细的金属罩檐，檐上挂有金铃 1065 个，银铃 420 个。此外，塔顶甚至还有一颗重达 76 克拉的金刚钻，非常出名。

　　大金塔周边设有 8 个星座祭坛，根据生日是星期几，便可找到相应的祭坛。导游替我寻得生日所属的祭坛，祭坛有佛像和对应的动物。我依照导游的指导，入乡随俗，对佛像和动物浇上 3 杯清水，祈求此行顺利。

　　大金塔寺庙群中还供奉着大大小小的佛像，形态坐姿各式各样；亦到处可见佛教故事的壁画，精美绝伦。我置身其间，体会到了佛教殿堂的神圣庄严。在这里，处处可

作者在烛火摇曳的油灯前祈求旅行顺利

见僧侣、尼姑和信徒们虔诚地朝拜祈祷，这些人或成群结伴，或独坐一隅，不变的是每个信徒脸上专注的神态，让人深有感触。这令我不禁想起曾经在拉萨大昭寺前见到那些以五体投地方式磕长头的藏族民众，或许他们以不同的形式顶礼膜拜，但对于这些人来说，信仰已经融入日常，是生活更是生命的一部分。我虽没有这种对于宗教信仰的虔诚，却也为之深受感动，并真诚期盼佛祖可以保佑这个佛教国度的人民，除了拥有心灵的祥和幸福外，也能脱离经济上的困境，成为真正的乐土。

多个世纪以来，大金塔见证着缅甸的朝代更迭、历史演变。金塔本身曾经成为僧侣抗争的中心地带，例如，1988年昂山素季亦在这里面向拥护她的群众，宣讲她的政治理念；2007年的反军政府运动。有关金塔及各个角落的

星座祭坛

大金塔周边形态风格各异的小塔

大金塔内的庄严佛像

故事与事件数不胜数，于是我绕主平台一圈后，转而走进塔内的博物馆参观，以进一步加深对于大金塔的认识。

不少世界知名的文人雅士参观大金塔后，都留下深刻的印象。我尤其认同英国诗人拉迪亚德·吉卜林（Rudyard Kipling）的描述，他说大金塔是"一个金色的神秘之物自水平线隆起，一个在阳光下闪闪发亮的美丽闪烁奇迹。它的形状既不属于清真寺的穹顶，又不像印度神庙的尖塔，而是一座屹立在绿色山丘上的神迹……"

这里每天的开放时间为早上 4 时到晚上 22 时，我的时间非常充裕，虽非信徒，而只是一名过客，却也乐意在如此宁静祥和的氛围下多停留一些时间，直至夜幕低垂方离开。当我告别的时候，夜间佛塔的灯与一长列摇曳的油灯相互掩映，呈现另一种光与影的世界，难怪许多人都说，夜晚才是欣赏大金塔的最佳时间。

夜色中的大金塔更加绚丽

缅甸人的圣石——大金石

　　尚未来到缅甸之前，我只听过仰光大金塔的大名，浑然不知还有大金石（GoldenRock）的存在。参观大金塔的途中，意外听导游提起，仰光外围的孟邦（Mon State）有座大金石佛塔（GoldenRock Pagoda），在缅甸人心目中，同样具有非常重要、神圣的地位，相当于伊斯兰教徒心中的麦加。

　　既已到过大金塔，又怎能错过大金石呢？我立刻联系台湾旅行社的陈总，将我在缅甸的后续行程顺延，临时安排翌日前往大金石的行程。从仰光到孟邦大金石要走220千米的路程，车程约4个小时。若按一般旅行团的行程，最好预留两天的时间，在孟邦的金榜（Kinpun）留宿一晚，第二天再登上吉谛瑜山（Mt. Kyaiktiyo）的大金石。由于行程是临时更改，我决定辛苦一点，雇车当天往返，不致影响随后的行程。

　　第二天，我摸黑起早，从仰光乘车出发，驶离仰光市区后，遂进入乡间公路。路途中，有时是畅通无阻的柏油路，也有不少崎岖蜿蜒的小路，更与各式各样五花八门的交通工具，例如，牛车、马车，或挤满乘客的摩托车擦身而过。

　　沿路所见，阡陌纵横、稻花飘香，间或点缀上低矮的平房农舍，一派祥和的田园气息，正如清代诗人陈肇兴在《稻花》中所描写的："谁把黄云尽剪齐，平铺陇北与畴西；红摇穤稏累累立，碧染裳裳穗穗低。十里午风开满野，一番朝雨落盈畦；却嗤桃李多姿媚，艳冶何曾补庶黎。"

摆脱大城市高楼林立的压迫感，未曾沾染上争名逐利的汲汲营营，充满农家刻苦耐劳的单纯与质朴，在现代社会中，这样的环境显得分外珍贵。即使在行驶的车里，我也充分体会到"绿树村边合，青山郭外斜"的那种惬意，不禁稍微消除了旅途的疲惫感。

由于清晨即起，我趁机在车上打盹，就这样半睡半醒间，经过不知多少个乡村、小镇和市集。司机突然将我唤醒，原来孟邦已在前面不远。我们先在山脚下的民宿用过简单的农家菜早餐，再前往大金石的专用摆渡车（接驳车）车站。

孟邦的地理环境主要为山地丘陵，欲前往大金石朝圣，必须在金榜改乘区内的专用摆渡车，方能登上海拔1000多米的吉谛瑜山。这种专用摆渡车叫作lain-ka，其实是由大皮卡车改装而成，座位用木板条钉成一排一排，加上椅垫，并没有靠背，所有乘客挤坐在一起，每排木椅可乘坐8～10人，整车总共容纳40～50位乘客，车顶装上简单的帐篷遮风挡雨。所幸导游特别安排（多付额外车资），让我得以坐在司机旁边，无须与其他乘客互相拥挤。

大皮卡车沿着盘山公路向上爬，此段山路不时遇到陡峭的地形，弯道又多，往返山上的专车一辆接一辆，为了闪避迎面而来的车辆，司机经常来个急转弯，乘客们不由自主地跟着左右摇晃，险象环生，犹如乘坐过山车（云霄飞车）那般惊险。我坐在前面，听到后方乘客的尖叫声此起彼落，还有女士经受不了颠簸而晕车，突然呕吐起来，猝不及防下把秽物吐在车上。

出发前，我发现乘客中有不少披着袈裟的僧侣和尼姑。据导游介绍，按戒律，僧侣是不方便与女性坐在一块的，更不能有肌肤的接触。为了严守戒条，僧侣都会尽量与女性分隔开来。但在人挤人的车内，实在难以做到完全区隔，尤其皮卡车急转弯造成的惯性，根本无法避免人们彼此的挤压，难免会有尴尬的场面出现。在这样的环境与条件下，若有误触误碰，实在也不能苛责。

过山车绕着险狭曲折的盘山公路一路向上，攀爬了将近 1 小时，终于到达 Yatetaung 中转站。乘客下车后，要前

前往大金石的摆渡车——lain-ka

行程中常遇到骑摩托车的当地人

当地人以人力运送货物

往山顶，可选择两条路线：一条难度较高，得靠双脚徒步登山，抵达山顶需用时1小时；另一条是乘坐缆车，只需5~8分钟。我这位白发老者，当然舍难取易，依赖登山缆车直达大金石圣地。因为当地人承受不起昂贵的缆车费用，大多数都顶着太阳，汗流浃背地步行登山，缆车几乎是专门为外地旅客服务。缆车扶摇直上顶峰，朝下俯瞰，山坡上一幢幢以铁皮、木材、茅草和帆布搭建的村屋，极为简陋。说时迟那时快，缆车抵达终点，金光灿灿的大金石已出现在我的视线之内。

缆车站与大金石之间仍有段400多米的距离，此段路坑坑洼洼，并不好走，由于是阳光直照的正午时分，对长者来讲，实在有点吃不消。这时候不妨考虑雇用竹竿轿夫抬轿的服务，省事轻松得多。

作为虔诚信徒朝思暮想的

搭乘缆车可以直达大金石圣地

圣地，大金石是个形似头颅的巨石，高 8.15 米，重达 600 吨，其上方还建有一座高 7.3 米的佛塔。大金石的特别之处在于它高悬于海拔 1000 米的山崖边，是一块处于平衡状态下的悬石，石身有一半在悬崖外，据说底部还透着光，显然与地面的连接面很小，整体呈现 20° 的倾斜，看上去岌岌可危。然而 2500 年过去，巨石依旧屹立不倒，即便是狂风暴雨甚至地震的摧残，依然纹丝不动。如此奇妙的现象，让缅甸人引以为傲，他们认为这是一种神迹，于是每年都吸引成千上万的朝圣者前往膜拜。

当地有一个传说，大金石之所以悬空不倒，是因为上方的佛塔藏有佛祖的头发。据说佛祖释迦牟尼某天经过大金石所在地，曾经将自己的一缕头发送给一位名叫 Taik Tha 的隐士，这位隐士把这缕头发盘到自己的发髻中，后来将其献给帝须国王（King Tissa）。隐士希望这缕发丝能够供奉在一块与自己的头颅相似的巨石上。国王在大海深处发现此块大石，神奇地用船运上岸，放置于山顶，并建了佛塔珍藏发丝。导游说有关大金石的神话还不只这些，就连运送大石的船只亦神化为石船，距离大金石约 200 多米外，有块船形的石头同样是朝圣者膜拜的圣物，被称为皎坦般佛塔（Kyaukthanban Stone Boat Stupa）。

至于大石为何会呈现金色？这是因为虔诚的信徒长年累月将金箔一层一层地贴上去，时间久了，金箔竟与石质融为一体，不论狂风暴雨或风吹日晒，都无损石头在阳光下灿烂耀眼的黄金色泽。令我惊奇而百思不得其解的是，

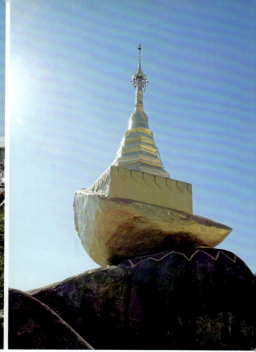

形似头颅的大金石

大石悬空的部分究竟是如何被贴上金箔的呢？原来是信徒们不惜冒险、想方设法贴上金箔，使大金石四方八面都披上金光，毫无遗漏，此种出于宗教信仰的无畏无惧精神实在令我佩服。

我按照信徒的习惯，脱下鞋袜，赤足走上平台，以顺时针的方向环绕圣石，接着小心翼翼地踏上连接大金石的小通道，与大金石作零距离接触。需要提醒的是，只有男性才能够触摸大金石，女性则禁止靠近，更别提触碰了。信徒们毕恭毕敬地走到大金石面前，面容虔敬而肃穆地将金叶子一层层贴上去，抚摸和膜拜的举动，仿佛正在进行与神灵之间的沟通。我以双手碰触贴了金箔的石头，除却湿润的触感外，并没有其他特别的感觉，但内心也暗自祈

作者手捧大金石的趣味照

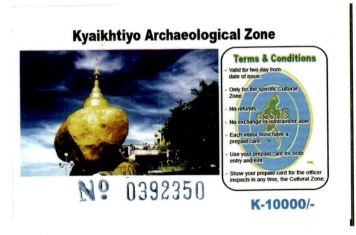

大金石门票

求神石能为我带来"石"转乾坤，时来运到。

大金石的周边，还有多座佛塔、寺庙、僧院等，每年11月到来年3月的朝圣季夜晚时分，信徒们都会在大金石平台上点燃蜡烛，彻夜诵经，从山下望去，漫山繁星点点，非常壮观，弥漫着一种圣洁的气氛。

因为无数信徒和旅客的到访，自然而然地，当地许多民宿旅店应运而生。据说在此留宿一晚，既可膜拜诵经，又可以登山观赏日出日落的景色，一举两得。尤其是从吉谛瑜山登高远望，层层山峦起伏，绿意盎然，风景如画，会让人不由自主地沉醉在迷人的景致中。

东西文化荟萃的城市

交通繁忙的皮亚路（Pyay Road）自仰光河直达北面的国际机场，它是仰光市内最长的，也是最漂亮的一条大道，路两旁排列着枝叶婆娑的树木，为城市注入了生机活力。

虽然不再是缅甸的首都，但是仰光依然是一座色彩缤纷的大城市。身为全国政治、经济和文化中心，近十年来，缅甸政局趋向稳定，外资纷纷涌至，这改变了仰光的市貌，不少漂亮美观的高级公寓、大型商场和办公大楼如雨后春笋般陆续建起。这些建筑多半集中在市中心，当我置身市中心的酒店，已感受到一种欣欣向荣、生气蓬勃的氛围。

然而，目前缅甸经济仍处于贫穷落后阶段，人民生活普遍清苦，当地工人月平均收入约一二百美元。若与其他东南亚国家的首府城市相比较，仍有一段距离需要努力。许多市内的房屋依旧千疮百孔、破败不堪，四处挂满交错纵横、乱无章法的电线，甚至横跨街道。路上亦不难见到衣衫褴褛的行人，以及陈旧到似乎在博物馆内才看得见的老爷车。不过市中心的规划还算是井然有序，特别是仰光河畔的商业区，街道名称由第一街（1st Street）的次序排至第五十五街（55th Street），跟美国纽约的街道名称有几分相似，方便初来乍到的旅客认路。

据导游介绍，仰光大致分为3个区域：一是政治和商业中心，包含政府机构的所在地，以及酒店、商场和金融机构的集中地；二是居民的住宅区；三是有中国人和印度人的居住地及其商业活动的集散地。由于过去军政府长时期实施军管和宵禁的缘故，当地治安环境不错，犯罪率很

仰光市区街景

仰光市政厅

低，即便独自在市内行走，也感觉十分安全。仰光市内除了浓厚的东方佛教色彩，还保留了许多殖民时期的建筑，充满异国风情，被称为"世界上保存最完好的殖民时代城市风光之一"，为市区徒步观光增色不少。

我一个伦敦的朋友到过仰光后，对当地印象不错。这儿的生活步调丝毫不显紧迫，是东南亚有名的"慢生活之城"，避世的好地方。除了参观佛教圣地大金塔，请记得尝一碗缅甸的国民美食"莫学卡"（Mohinga）鱼板面（鱼汤米粉）；更别错过拥有百年历史、富有英国殖民色彩的乔治亚式建筑——斯特兰德酒店（Strand Hotel），在此享用丰富精致的下午茶可是相当受欢迎的旅游行程；或是到坎多

俯瞰仰光市

吉湖（Kandawgyi Lake），又叫皇家湖（Royal Lake）区找间咖啡厅，坐下来悠闲地品尝咖啡；夜晚时分，夜市则是消遣的好去处，啤酒搭配煎饼（Dosa）、咖喱饺拌面（Samosa thoke）等引爆你的味蕾。

我不想花太多时间在吃、喝方面，宁愿多争取些时间走走看看。这一天，我的行程以仰光河观日出为起点。拂晓时分，黑纱依旧笼罩大地，我徒步来到潘索丹码头（Pansodan Jetty），此刻未有白昼的人潮，但见群鸥飞翔。我找到观日出的最佳位置，静候那令人兴奋的一刻降临。说时迟那时快，旭日升起，顿时霞光万丈，把仰光河照个通亮。东曦既驾，码头一带顿时像启动了开关似的，热闹起来，成为一个熙熙攘攘的市集。往来仰光和对岸达拉（Dalah）的渡轮拉响了汽笛，当首班渡轮泊岸后，乘客鱼贯上岸，人群中有的是上班族，有的是穿着校服的学生，还有头顶着果菜、鸡蛋和各种商品准备到市集售卖的妇女，当然也缺少不了化缘的僧侣。

除了对开往来的渡轮服务外，河边还停泊着许多摇橹的小艇，为那些赶时间的乘客提供私人服务。渔民也同时出动，摇起渔船撒网捞鱼。

我见时间尚早，乘机搭上渡轮，在甲板上欣赏映照着晨曦的河上风光。我身边站满了穿着特敏（htamein）的缅甸妇女，以及围着笼基（longyi）的男士。特敏和笼基是缅甸的传统服装，基本上就是将一条筒形的长布围在腰间，笼基的样式比较简单，特敏则色彩缤纷、花样繁多。

　　此外，在整趟的缅甸之旅中，不时会见到人们在两颊抹上两片淡黄色的粉，不分男女老少，这种淡黄色的粉称为特纳卡（Thanakha），来自缅甸当地的黄香楝树，当地人还将树干锯成一段一段，在市面上贩卖。特纳卡使用的方式是先将清水加在小石磨上，将木头放进石磨中研磨出浆液，再利用刷子或直接用手涂抹在脸颊上。据说特纳卡不仅可以消炎止痒，也拥有防晒的功效。

　　从船上望向岸边，仰光市中心区的斯特兰德路（Strand Road）哥特式建筑清晰可见，这些殖民时期留下的文化遗产，如钟楼、灯塔、海关大楼、过去的法院大楼和著名的斯特兰德酒店等，让人回想起充满波折与辛酸的缅甸历史。旧时的欧式建筑、近年兴建的现代化大楼、闪耀金光的佛塔、寺庙和破败老旧的平房彼此穿插，更交织成仿佛穿越

渡轮是仰光的重要交通工具

河面上的摇橹小艇

时间与空间、融汇东西文化的城市风景。

　　经过半小时游河后，我返抵仰光市区。码头附近正好是一座波达通佛塔（Botataung Paya），供奉着两千多年前由1000人从印度护送回来的佛发舍利。在开阔的广场上，聚集了很多信徒，诵经祈福、敲锣打鼓、吹奏乐器，或随着乐声手舞足蹈，欢欣雀跃。如此欢愉的气氛感染着我，引起我的好奇心，于是信步走入佛塔。

　　约50米高的佛塔正在维护中，它的外形与大金塔相似，在"二战"时曾遭炸毁，重建后的特别之处在于内部中空，可以让人走进，且内有弯弯曲曲的回廊，犹如一座迷宫，从地板、墙壁到天花板都镶满黄金，金光灿灿的，令人眼花缭乱。

　　佛塔内还有一尊非常具有历史价值的镀金青铜佛像，

维护中的波达通佛塔

是贡榜王朝的敏东王（Mindon Min）下令塑造的，原先放在曼德勒的皇宫内，第三次英缅战争后，英军将佛像劫掠到英国，在维多利亚与艾伯特博物馆（Victoria and Albert Museum，V&A）展出近66年，直到1951年缅甸独立后，这个流落在外的圣物终于回归，如今就供奉在这座佛塔内。佛像的双眼微阖、带着淡淡的微笑，给人宁静祥和的感觉。

　　缅甸除了佛教外，也有本土民间的信仰流传下来。民间信仰中有一种介于神与鬼之间的灵，称为纳特（Nat），如山灵、树灵等。蒲甘王朝的创始者阿奴律陀王（Anawrahta）指定了37尊官方的主要神灵，多源自王室人物，除了这37个官方的纳特之外，还有许多民间信奉的纳特，波达通佛塔就有一个祭坛，供奉的是叫作波波吉（Bo

佛塔内的镀金青铜佛像

佛塔的内部建筑

佛塔内金光耀眼

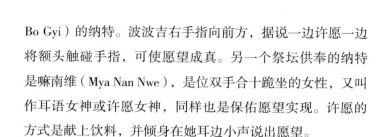

Bo Gyi）的纳特。波波吉右手指向前方，据说一边许愿一边将额头触碰手指，可使愿望成真。另一个祭坛供奉的纳特是嘛南维（Mya Nan Nwe），是位双手合十跪坐的女性，又叫作耳语女神或许愿女神，同样也是保佑愿望实现。许愿的方式是献上饮料，并倾身在她耳边小声说出愿望。

位于市中心的苏雷佛塔（Sule Paya）原本是我的下一个目的地，由于该塔周边被各式各样的商店所围绕，现已成为一处热闹的商业区，我前往时正巧是上班高峰期，交通实在太过拥堵，最后只能待在车上匆匆绕过，未能入内参观。直到第二次拜访仰光时，我才得以进入游览。这座金色佛塔的历史逾两千多年，比大金塔还久远，当地人认为佛塔的位置原本为纳特苏雷神（Sularata）的居所，因而得名。历经不同的朝代与统治者，这座佛塔也经过多次修葺，

苏雷佛塔

如今的佛塔为孟式（Mon）建筑风格，最高的是一座八角形的镀金佛塔，称作Kyaik Athok，即"珍藏佛发遗物的宝塔"，塔内同样供奉着佛发舍利。

这个地区叫作独立广场，周边还有印度教堂、天主教堂，古迹很多，各种宗教文化融合，显现出佛教的包容性。

仰光真不愧为"佛塔之都"，佛塔、寺庙不计其数，一时半刻想要走马观花参观一遍，也非易事。乔达基佛塔（Chaukhtatg yi Paya）和皇家湖（Royal Lake）两处景点便是我们精挑细选之后决定前往的目的地。

乔达基佛塔最为精彩而著名的是一尊长达65米、全国最巨型的室内卧佛。卧佛的眼睛以玻璃镶嵌，极富神韵，面上带着微笑，法相庄严祥和。头上和身上镶有钻石和各类不同的宝石，最特别的是卧佛的脚底绘刻

长达 65 米、脚底刻图案的卧佛

不同形态的佛陀塑像

佛塔内扛锣的塑像

作者在乔达基佛塔内的星座祭坛祈福

佛教故事壁画

作者入乡随俗敲钟

了 108 种图案。卧佛旁有一个说明告示牌，原来这些图案有各自代表的意思，其中 59 个图案代表物质世间（Okasaloka），也就是肉眼看得见的形象，以及无生命的物质世界；21 个图案代表有情世间（Sattaloka），即人或动物等有欲望的东西；另外 28 个图案是行法世间（Sankharaloka），代表抽象的无色界，象征神的世界。而这些图案刻在佛祖脚底，有一种世界万物尽在其脚下的意思，也象征佛祖已超脱三界轮回的束缚。围着卧佛的是一列具有不同形态的佛陀塑像，此外，佛塔内还有彩绘的佛祖故事壁画，让人如临仙界，整个人的心灵似乎都净化升华了。

从"仙界"离开后，我重返世俗世界，来到皇家湖，也就是坎多吉湖，这是一座由英国人开凿的人工湖。湖面开阔，视野无阻，对岸清楚可见高耸入云的大金塔。

　　这座湖有个亮点，十分抢眼，从外观看去，如两艘连体船。湖边有座建材为水泥的卡拉威宫（Karaweik Palace）是仿建的皇家建筑，里面的布置金碧辉煌，散发贵气。但它其实是一家缅甸餐厅，在这里除了可以享用地道的缅甸菜式外，还有精彩的传统宫廷舞蹈表演，让人有置身皇宫的感觉。我第二次前往仰光时，也曾入内用餐。虽然菜品不值一提，但可欣赏到缅甸的国粹表演，一人操弄木偶，旁边一男一女真人表演，与木偶互相模仿动作，相当有趣，看了这些，也算是不枉此行。

　　时间过得真快，不觉已届黄昏日落。我乘车穿越仰光的大街小巷，掠过重门深锁、警卫深严的昂山素季大宅，这是她被军政府软禁20多年之久的居所。这位诺贝尔和平奖的得主，继承她父亲昂山将军的志愿，不屈不挠，以和平的方式与独裁的军政府进行长期的抗争，终于成功地为缅甸人民打开新的历史篇章，带领国家走上民主道路。

　　究竟现任政府能否在佛祖的庇佑下改善人民的生活，为人民谋求福祉？2020年的大选又将面临一次新的考验。但愿缅甸封闭孤立的年代不再复返，就如我搭乘的汽车一样驰骋在康庄大道上。

遗世奇观茵莱湖

　　这些年旅游各地，不免多有感触。我认为只要有机会、有时间、有经济能力，大家都应该踏出家门，出去走一走，看一看。今日的科技发展，有太多的方式能够缩短我们与世界的距离，但是如果不走出去，身临其境，是无法获得那种真实的触动的。在路途中，即使终日顶着骄阳，或迎着风雨，但当我们亲身穿越湖泊海洋，跨过名山大川，踏入留存至今的伟大建筑和文化遗址，或旅途中巧遇充满阳光温暖的过客，这种种经历，都会是我们一生回忆中一抹瑰丽美好的色彩。

　　缅甸有三大奇观，分别是仰光的大金塔、缅东的茵莱湖（Inle Lake）和蒲甘的塔林。结束仰光的行程后，我随即奔赴下一个目的地——茵莱湖。

　　茵莱湖呈狭长形，南北长约20千米，东西宽约10千米，位于掸邦高原，湖面海拔约900米，为东南亚第一大高原湖泊，缅甸第二大淡水湖。湖泊距离仰光约700千米，我从仰光乘飞机出发，也无法直达目的地，只能先降落于最近的黑河机场（Heho Airport），再改乘汽车前往。

　　沿途中，田野与山间的风景从车窗外掠过，但给我留下印象的却是一片尘土飞扬。原来绕山公路正在扩建中，

黑河机场

前往茵莱湖途中的景致

因此产生很多尘土，我留意到修路工人有男有女，其中女性工人似乎比男性要多一些，不知道是否受"妇女能顶半边天"思潮的影响？抑或当地男少女多的缘故？

　　即将抵达通往茵莱湖的主要入口良瑞（Ny anngShwe）小镇时，由于距离湖区越来越近，眼前的景致也更加宜人。我乘坐的车行驶在乡间小道上，形形色色的交通工具有的迎面而来，有的与我们同行，包括载人和拉货的嘟嘟车（Tuk Tuk）、自行车、牛车或马车等。道路两旁是农民种植的田地，栽种的作物以水稻和甘蔗为主。"晨兴理荒秽，带月荷锄归"，牛耕田、马拉车，一派安居乐业的田园景象。即使是耕作劳动，男士们也穿着笼基，妇女则是身着艳丽的特敏，可见这种传统服饰的普遍。

　　小镇本应是阡陌交错、淳朴自然的田园风光，却因是茵莱湖的必经之地，进入湖区前，旅客和车辆均要在镇前留下"买路钱"（入湖费），而使得原本质朴的小镇多了一股商业味。部分居民还将农舍改为民宿旅店和餐馆，为慕名而来的外地访客提供服务。因此，小镇已然成为一个熙

茵莱湖门票

从酒店阳台欣赏到的湖景

熙攘攘的游客中心。

过了良瑞，目的地茵莱湖就在咫尺之遥。我抵达酒店时已近晌午，为了保存体力进行下午的活动，我先稍事休息。这家酒店开业还不到一年，位置相当不错，拥有极佳的景观台。推开阳台的玻璃门走出室外，阳台上置有躺椅，可以闲逸地半躺着欣赏静谧清幽的湖景，远处连绵不绝的是掸邦群山，面前的茵莱湖则如同一颗高原上的明珠，波光潋滟，正是"潭面无风镜未磨"。

今天沿路过来，我并未遇到来自中国内地的游客，毕竟中国境内有太多碧波浩渺的湖泊，大概不会有游客将这小小湖泊放在眼里。倒是遇到几个来自新加坡和香港的游客，他们对于游湖的行程充满期待。

当年，陈毅元帅曾到此一游，被这片遗世湖景所吸引，留下"飞艇似箭茵莱湖，碧波浮岛世间无"的诗句。茵莱湖到底有何魅力？且让我探个究竟，为大家解惑。

茵莱湖上桃花源

　　提到与世隔绝的高原淡水湖泊，要数南美洲的的喀喀湖（Lake Titicaca）上别具特色的芦苇浮岛，最令我难以忘怀。它代表着印加文明，是印第安人的圣湖。

　　我眼中的缅甸桃花源，东方的文明遗产，非茵莱湖莫属。这片湖区上漂浮着 180 个大小不一的水上村落，居民大约 10 万人，多半为茵达族（Intha），还有其他如掸族、缅族等。有关茵达族的来历，导游如此介绍，他们原先居住于缅甸东南部山地土瓦（Dawei），据说在 13 世纪时，为逃避泰族（Thai）的入侵，不得不离开家乡，来到这个掸族的领域。然而当时掸族的族长不准他们在族人的领土上建盖房屋，无奈之下，他们只好选择以茵莱湖为落脚地。

　　茵莱湖的湖水并不深，约 2.5 米，湖中有一种长年累月由冲积湖泥、浮萍和芦苇等堆起的天然浮岛。这些浮岛会随水浮动，而非固定性。它们因湖水涨落而升降，甚至是漂流。茵达族人巧妙地运用木桩、竹篙等支撑和固定浮岛，使它们不至于随水漂流和移动到其他地方。另外，他们又收集湖中的藤蔓、水草等植物，在其上面覆盖湖泥，铺设成人工浮田。由于水源充沛，加上湖泥肥沃，使得茵莱湖中的"浮动土地"，无论天然岛或是人工浮岛，都是种植农作物的理想耕地，可以开垦种植各类蔬果，如高丽菜、黄瓜、西红柿等经济作物，解决生计。此外，湖中还有 20 多种淡水鱼类，资源丰富，捕鱼也成为当地居民另一种谋生的手段。

茵莱湖的浮岛跟的的喀喀湖的芦苇岛有异曲同工之妙，这充分说明了不管东西方，人类因地制宜的能力是不容置疑的。居住方面，茵达族人在浮岛的中央搭建高跷屋（Stilt Houses），作为遮雨挡风的居所。随着时代变迁，浮岛上的高跷屋加上绳索固定，或用木桥连接，组合成一个个湖中聚落，有的是数岛成村，有的是一岛一村。村与村之间的往来，主要仰赖平底船，如今许多平底船已经加上引擎，成为机动平底船，更方便在交错纵横的湖道上来来往往。

高跷屋

此番情景，令我想到意大利威尼斯水城的河上交通，只不过河岸两旁古老破旧的砖墙屋换为高高架起的木屋以及绿意盎然的浮岛。

茵莱湖上的浮岛、浮田和高跷屋已成为当地的独特风景，也是观光的一大亮点和特色。待一切安顿妥当后，我来到酒店的专用码头，开始泛舟游湖的行程。码头停泊了多艘机动小艇，每艘小艇又长又窄，艇内有几张活动式的

椅子，能容纳几个乘客。我一个箭步跳上提前安排好的小
艇，艇上已经置放了椅子，甚至还有椅垫，坐起来比较舒
适。掌舵的船夫启动马达，顺着水道上的竹竿标志，向湖
中划去。水道长满了水草和蔓藤，正是"方舟冲破湖波绿"。
小艇划入湖心，我坐在艇中，不时见到湖面上一群群海鸥、
野鸭腾逐觅食。在这里，水承载着一切，一辈又一辈的茵
莱湖居民依湖而生，农耕、捕鱼，自给自足，怡然自得，

湖区的房子形态不一，有古朴简陋的，也有豪华现代的

是真真正正的水上人家。在我看来，茵莱湖的美，不仅在于碧湖蓝天、晨曦晚霞中呈现，更在于当地人淳朴平和的生活方式，身处其中令人不由得联想到陶渊明笔下的世外桃源，岁月仿佛静止于此。不过这恬静闲适的气氛经常被其他载着旅客的机动小艇打破，旅客们来自四面八方，异地相逢，彼此挥手招呼，好不热络。

小艇接着划进村落的主要水道，居民便是靠这些水道，划船往来及运载日常用品等，可能是为方便辨识，每条水道还标有名称，就像陆路上的街道一样。水道边的高跷屋建筑样式不一、形态各异，或豪华现代，或古朴简陋。它们的功用与陆地上也没什么不同，同样建有寺庙、学校、市场、手工作坊等。

小艇来到茵宝昆（In Phaw Khone）村的传统编织作坊，

湖区的孩童搭船上学

还未停好，已闻阵阵机杼声。村民就地取材，用的是遍布湖中的浮莲。作坊内一位妇女当场示范给我看，动作认真、一丝不苟。她首先将采摘回来的莲花茎用小刀割开，左右拉开，抽出虽细却有韧度的茎丝，接着揉成长长的丝线，再经过加热、晒干和染色等工序，最后编织成各式各样、色彩鲜艳的制品，如服饰、日用品、丝巾等。作坊内设有一处制品的展售区，由于制作步骤烦琐，商品价格自然较一般编织品要昂贵得多。

　　湖区还有金、银饰物作坊以及手工雪茄制作坊等。或许为了招徕顾客，吸引更多人上门购买，湖区还招揽了几名来自泰缅边境、闻名遐迩的长颈族人。这天，我就在茵宝昆村中遇到三位长颈族的女性，其中一个还是小女孩。她们一边织布，一边供旅客拍照。长颈族人以颈长为美、

长颈族人

为傲，女孩一般在五六岁时就开始在脖颈上套金环或铜环，按年龄递增，直至 25 岁为止。因为铜圈的重量不断增加，压迫肩膀变低，使得脖子看起来越来越长。不单如此，在她们手上和脚上亦分别戴有铜环等饰物，全身负荷相当重，看起来颇为惊人。

随着旅客日趋增加，茵莱湖景区的旅游业也逐步发展，有些渔民弃湖上岸工作，或是改开设专做旅游生意的商店，当地

手工雪茄制作坊

传统编织作坊

居民正逐步脱离过往那种与世无争、桃花源一般的生活形态。我发现，由于游客的增加，湖中村落的环境已渐现污染迹象，为了茵莱湖今后的可持续性发展，希望当地政府与居民能察觉到并重视这些问题，设法维护环境，保存湖区的原貌风俗，否则多年以后，或许此处将不复桃花源的模样了！

茵莱湖上好风光

　　群山从三面环抱着一汪碧波荡漾的湖水，茵莱湖就像一幅迷人的画卷，令我流连忘返。连续两天，我都乘着小艇，到处欣赏这儿的美景，寻访当地独特的传统文化和风俗。

　　缅甸人民主要信奉佛教，茵莱湖的居民也不例外，湖中建盖了不少寺庙佛塔。顺着水道，我漂游到其中两座最有名气的寺庙。

　　纳颇僧院（Nga Hpe Kyaung）又叫跳猫寺（Jumping Cat

跳猫寺外观

Monastery），别名的由来是因为寺院僧侣曾豢养 10 多只灵猫，这些灵猫在长期训练下，能够灵巧地跳跃穿过圆环，许多人便是冲着灵猫表演而来。尽管原本的住持过世之后这项表演已被取消，但跳猫寺之名已经不胫而走。虽然猫跳已成绝响，寺院仍有可观之处。它大概建于 1850 年，是湖区历史最悠久的木质建筑结构寺庙，整座寺院以柚木建造，没有用一枚铁钉。欣赏寺院建筑之余，还可以看到包括蒲甘、掸邦、西藏和阿瓦地区风格不同、姿态不同的佛像，一举数得。

另一座寺庙的名气更大，彭都奥佛塔（Phaung Daw Oo Paya），又叫五佛寺，这里供奉五尊 12 世纪的古老佛像。每年 9 月到 10 月缅历的点灯节（Thadingyut）期间，五佛寺

五佛寺外观

跳猫寺内供奉的神像

神像已被金箔裹成"金葫芦"

会举行为期 18 天，且非常盛大的佛像巡游活动，僧侣和信徒们将五尊佛像中的四尊供奉在一艘涂上金色、装饰成神话中的鸟 hintha 的华丽船只上，巡游湖区。传说在 1965 年的一次巡游活动中，突遇大风把船只打翻，五尊佛像只寻回其中四尊，返回佛塔时，那尊遗失的佛像竟然神奇地端坐在佛塔内，佛塔因为这一神迹而名声大噪。虔诚的信徒们将金箔贴在这五尊佛像上，长年累月之下，厚厚的金箔把佛像裹得如同一团团的"金葫芦"，早已看不出原本的面目了。

在我看来，世界上无论何种宗教，绝对不缺乏神话传说，孰真孰假？自然是信者恒信，而对我来说，权当故事来听罢了！

茵莱湖上绝不容错过的重头戏，是单脚划船的渔夫。

我乘坐的小艇原先在湖面上飞速滑行，途中恰好遇到一艘捕鱼小船，船夫便放慢速度，最后甚至关掉马达，便利我近距离静观。只见捕鱼的船夫以单足站立船头，余下一脚看起来仿佛绑着一支船桨，近看才发现他正在用脚勾缠住木桨，随着单脚划动，小船缓缓滑行。由于无须双手划桨，便能腾出手来撒网、收网，动作流畅，一气呵成，技术非常了得。

毫无疑问，这是茵莱湖最具特色的一幕。茵莱湖的渔夫长期在湖面以捕鱼为生，或许是经验累积而练就的独门

单脚划船的渔夫

单脚渔夫成为一种表演，供旅客拍照，赚取小费

技术，或许是过去哪位渔夫的别出心裁，尔后被其他人争相效法，最后演变为此地区独特的捕鱼方式。实用性暂且不论，随着当地旅游业的发展，单脚渔夫也成为一种表演，在旅客面前摆出各种姿势，让大家欣赏拍照，换取小费。

在茵莱湖上观赏渔夫们独有的划艇和捕鱼技术，不失为赏心悦目。这令我联想到《舌尖上的中国》纪录片中曾有一集介绍中国唯一以海为生的少数民族——京族，还有广西万尾渔村最后那 5 位会脚踩高跷捕鱼的渔民。随着现代化进程以及自然环境的变化，渔民们赖以生存的捕鱼方式逐渐式微，最后演变为一种民俗表演项目。

一整日，我都在水波不兴的湖面上漂游，缓缓掠过一座座的水上人家，穿梭于一垄垄的浮岛，享受着闲云潭影日悠悠，直至夕阳西下，远看渔夫独立于船头的剪影，背景是倒映着余晖的粼粼波光，此情此景，于我自是"此中有真意，欲辩已忘言"了。

翌日，小艇载着我晃晃悠悠来到湖的另一端。此刻天光未亮，夜色沉沉，周围一片寂静，只听到小艇滑过湖面的哗哗水声，以及引擎的咆哮声。湖水的涨降，使得水道上原本位置固定用作标记的竹竿产生位移，船夫不得不提起精神努力辨识方向。我担心小艇会误入"险区"，不敢高声谈笑影响船夫，心想早知如此，倒不如走陆路会较安全。

经过大半个小时航行，小艇终于靠岸，到达乘坐热气球的集合地点。其实我早已有过搭乘热气球升空的经验，对我来说并不是什么新鲜事。不过目前茵莱湖仅此一家提供热气球服务，且升空的热气球只有两个，是推出不久的一项新服务。驾驶员是一位来自澳洲的女士，乘客除了我之外，另有六位来自三个家庭的新加坡乘客。他们窃窃私语，像是担心安全问题。我凭着闯南走北的经验，没有丝毫顾虑，二话不说就翻进热气球里。

在晦暗熹微的晨光中，热气球缓缓上升。湖面上弥漫着浓浓的雾气。接着，远方群山的后方，朝阳缓缓露脸，随着旭日的逐步高升，万道霞光霎时染红了半边天空，雾气开始消散，湖区的景致渐渐变得清晰鲜明，让我更加看清远处的群山和山间的佛塔。

从高空朝下观看湖中的浮岛以及一排排架着竹竿的水上园圃，与前一日搭乘小艇穿梭于浮岛群的感受完全两

准备中的热气球

搭完热气球后可获得证书

样，水上农田密集而壮观，场景相当震撼。广阔湖面上有位渔夫单脚划船徐徐前行，传达着孤寂与冷清；田地里辛勤耕作的农夫望见我们时开心挥手招呼，又让我们感受到这地方民众的热情好客。整趟热气球之旅让我从另一个角度欣赏破晓时分茵莱湖从沉睡至苏醒的过程，感受到了其自然清幽的美，真是不虚此行！

从热气球上观赏到的朝阳与湖景

从高空俯瞰当地的田园美景

返朴还淳的遗世村落

　　茵莱湖区有两个大型佛塔群，分别是东南方的卡古佛塔林（Kakku Pagodas）和西南岸茵生村（Inthein）的瑞因登佛塔（ShweInn Thein Paya），后者距离茵莱湖最近，我便选择它作为茵莱湖行程的最后一站。这个偏僻遗世的小村庄在茵莱湖的另一端，我依然乘上小扁舟，沿一条在树林掩映下十分隐密的弯曲狭窄河道逆流而上。河流湍急，两侧是茂密的芦苇荡、葱葱树林和村舍人家，环境原始古朴。前行约半个多小时，河道忽然宽阔起来，原来已经抵达了茵生村的码头。初看茵生村，颇有一份返朴还淳的气息。村民在河畔洗濯衣物、游泳、沐浴，旁若无人，逍遥自在。码头边已停有数艘扁舟，看来都是载了旅客来此观光的船只。于是，我弃舟登岸。码头前有个小市集，向旅客贩卖服饰、挂画等。

　　瑞因登佛塔是此行的重点，其位置在村子南面的山上，可沿山路步行上山。此刻正是午后烈日当空，我唯恐体力不支，在登山路上遇到一位16岁的小伙子，他愿意用摩托车送我一程，我就这样体验了人生中的第一次摩的（摩托车的士，亦即以摩托车作为出租型的交通工具），风驰电掣往山上驶去。

　　不一会儿，规模庞大的瑞因登佛塔群就呈现在我眼前，足足有1054座，这些佛塔有新有旧，大多数修建于十七八

万千佛塔

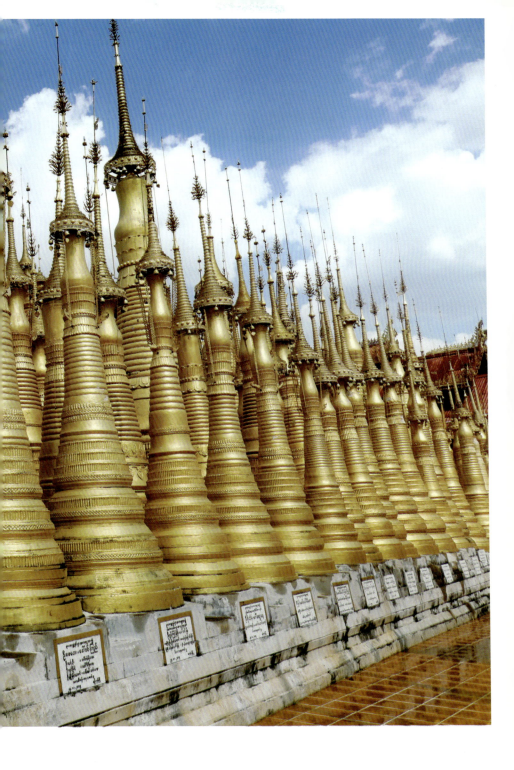

世纪间，砖红、灰白和金黄等颜色与样式不一的佛塔有些已经过修葺，保存状态完好，有些则是饱经风霜、倾颓歪斜的残塔，静静仁立于蔓草间。据导游说，每位到访的旅客都会被万千佛塔罗列的景致所震撼。我穿梭在密集的佛塔林之间，仰头望去，无数塔尖高耸，直指苍穹，景象蔚为壮观。

塔群中有许多佛塔是由来自世界各地的虔诚佛教徒捐建，只要心诚，在当地每个人皆可出资捐建佛塔，不拘材料和大小。游览过程中，我突然发现其中两座小巧玲珑的佛塔居然是由台湾地区灵鹫山佛教团所捐建，见到塔上的中文字，感到分外亲切。我如获至宝，马上将佛塔拍摄下来，并传给在台湾的朋友，分享异地的奇遇。

瑞因登佛塔群

我国台湾地区灵鹫山佛教团捐建的佛塔

　　为了"欲穷千里目"，观看到瑞因登佛塔群全景，在那位年轻小伙子的协助下，我继续乘坐他的摩托车向上，前往宛如圆锥形的山顶。然而山路陡峭，满布砂石，摩托车最终未能直达。所幸在小伙子的搀扶下，我得以在砂石山路上一步步前进，终于冒险登上山的最高处。从制高点往下望去，感受果真截然不同，山下的村庄和佛塔群尽收眼底，尤其是密密麻麻的塔群，场面极其宏伟壮观！远眺数

千米外的另一座山头，见到数座佛塔，我好奇心起，不顾路程的颠簸，再度乘坐摩托车出发。小伙子带着我穿过小村落的市集，横越清澈的激流，最终登上另一山峰。此处可以近观古旧残破的佛塔，从外观就可以体会到它们历尽沧桑。我站立在塔前，既发思古之幽情，亦吟伤今之离恨，心中充满了一种肃穆苍凉的情感。

茵生村地处偏僻，远离城市繁华，环境清幽，民风淳

朴，到处可见佛教徒，他们并没有因为佛塔的残破而对其失去敬意，反而更加虔诚。我想象着居住在此处的生活会是怎样的情况，不免自问，有朝一日是否有勇气舍弃繁嚣闹市，成为陶渊明那样一个"寝迹衡门下，邈与世相绝"的隐士？

茵莱湖区周边的古迹胜景很多，包括育瓦玛（Ywama）水上市场在内的五日市场、旧城区、水陆各半的万道村（Maing Thauk）、空丹小镇（KhaungDaing）和多处佛塔，我统统未能游遍。囿于下一个行程的安排，翌日只得带着一点遗憾与茵莱湖道别，步履不停，朝"万塔之城"蒲甘（Bagan）前进。

茵生村的市集

茵生村的码头

手指之处皆浮屠

蒲甘与茵莱湖距离不远，但因尚未建设完善的公路网，且公路条件又差，所以我不得不搭乘内陆机，飞行时间不到 1 小时，就抵达目的地了。

蒲甘位于缅甸中部心脏地带，伊洛瓦底江岸的冲积平原上，巴利语称为"阿利摩陀那补罗"（Arimaddanapura），旅行家马可·波罗（Maco Polo）到此一游后，赞叹蒲甘拥有"世界上最美好的景致之一"。它与吴哥窟、泰姬陵的声名不相伯仲，各有千秋，是中古时期亚洲文明的象征之一。

蒲甘面积 40 平方千米，分为三大区域：老蒲甘（Old Bagan）、新蒲甘（New Bagan/BaganMyothit）和良乌（Nyaung U）。其中，老蒲甘是一处令旅客流连忘返的胜地，陈毅元帅曾游过此地，并赋诗云："蒲甘圣地欣同游，佛塔百万四野稠。"蒲甘的佛塔寺庙比比皆是，我循着陈毅元帅的足迹，寻访所谓的"手指之处皆浮屠"。

蒲甘历史悠久，于 849 年初建城，当时有 12 座宏伟的城门，周围并修筑护城河环绕。到了 1044 年，登基的阿奴律陀王结束部落割据的局面，统一了缅、掸、孟等民族，蒲甘王朝进入黄金盛世。直到 200 多年后，1287 年元朝忽必烈的蒙古铁骑长驱直进，捣毁王城，缅甸第一个统一的

蒲甘机场

王朝逐渐走向衰落，并于 1297 年灭亡。

在缅甸民众心目中，蒲甘王朝的缔造者阿奴律陀是个伟大英明的君主，他与后来的莽应龙（Bayinnaung，东吁王朝统治者之一）和雍笈牙（Alaungpaya，贡榜王朝创始者）被缅甸人民称为"三大民族英雄"。

阿奴律陀笃信佛教，将佛教奉为国教。他趁着征战，获取多部《三藏经》（*Tripitaka*），并俘获数百名高僧和大批技艺精湛的工匠。这些都为他日后在蒲甘大兴土木，广建佛塔和寺院打下基础，提供资源。在他的大力扶持与弘扬之下，佛教深深根植在缅甸民众心中，他因此被尊称为缅甸的阿育王。

缅甸全国上下信奉的是南传佛教，与北传佛教，也就是中国信奉的大乘佛教（Mahayana）是佛教的两大部派，以往有人称之为小乘佛教（Hinayana），因为带有贬义，如今统称为上座部佛教（Theravada）。信仰虔诚的缅甸君民认为，捐建佛塔能够净除恶业、积累功德，所以才会造成全国佛塔如林的壮观景象。

蒲甘王朝统治的 200 多年间，在蒲甘方圆数十千米范围内建造的佛塔数量，有夸张的传说是达到 444 万座之多，因而有"四百万宝塔之城"的称号。不过较为可信的说法是大约 13000 座，因此"万塔之城"的美誉并不是浪得虚名的。

然而将近一个世纪的沧桑岁月中，自然与人为的种种破坏，万塔之城的辉煌不再，尤其在 1975 年发生过一次 6.5 级的强地震，造成当地大约 80% 的佛塔损毁。经过修复重建后，目前约有 2230 座大小佛塔保存下来，继续坚守于这片饱经风霜的土地上，依然保有它独特的风采魅力。

我入住的酒店号称是当地最高标准的酒店，房间是独栋式的设计，四周环境清幽。酒店花园内有一座纳明特观光塔（Nan Myint Tower），属新型建筑，是过去缅甸军政府建造的，原意是为方便旅客登塔鸟瞰全区景色，无须进入考古区攀登古塔。然而，这个建筑物遭到联合国教科文组织和世界各地文物保护人士的反对和抗议，他们认为该塔破坏了蒲甘原本古朴的景观，与当地格格不入。尽管高塔对外收费便宜，门票只有 5 美元，且入住酒店的旅客可免费多次使用，却依然无法改变外地游客进入考古区的热情，门可罗雀。观光塔不受旅客青睐，我也不例外，过塔多次而未曾登上，反而热衷于多次往返考古区。

要想在短短 3 天内完成整个蒲甘的旅程，深度探访佛

酒店的优美环境

晨曦下的『亚洲隐士』
——老玩童漫游缅甸

纳明特观光塔

塔、寺庙遗迹，是完全不可能的，我唯有听从导游的安排，将行程分为几个精华部分，包括登塔观日落、升空赏日出、游寺庙群塔，再泛舟于伊洛瓦底江，以便充分感受千年古都的精致与魅力。

导游认为有一段欣赏古塔的路线十分精彩，不容错过，且搭乘马车更节省时间。于是我们便雇好了马车，随着专访古塔的队伍出发，浩浩荡荡走在老蒲甘的良乌公路（Bagan Nyanng U Rd.）上。马车行经之处，扬起尘沙，我坐在马车上刹那间就灰头土脸了。游目四顾，公路两边的平坦荒原上，除了树木和草丛外，就只见到星罗棋布散落的佛塔，或大或小、或高耸或低矮，样式万千，各有特色，一时间我只感到眼花缭乱，分不清哪是塔，哪是寺。这些佛塔有的密集成群，也有的单独遗落在荒原一隅；有的外观完好，部分则倾斜倒塌，更有不少只剩下断壁颓垣、砖石瓦砾，想必与地震的摧残脱不了关系。

近年来缅甸政府为了更妥善地保护考古区内的古迹，已禁止旅客攀爬佛塔。然而若不登上塔顶俯瞰荒原、田野上的遗迹，很难把万塔尽收眼底，我只好不惜犯险，在导游的"掩护"和协助下，冒险进入其中一座离公路不远的

082

瑞来陀塔（Shwe Leik Too）内。塔的规模不大，内有一尊坐佛，还有一条阴暗陡直的石阶直通塔顶平台。我几经艰难登上塔顶，却意外地发现同道中人，几位来自台湾的旅客早已捷足先登，占据了朝西面观日落的最佳方位，正静候夕阳西下。看来为了一览群塔而甘愿违规的不止我一人啊！

此刻，金色的斜阳投射在赭红色的塔群上，距离日落西山还有约半小时，事不宜迟，我马上动身赶往另一个观光点。帕塔达佛塔（Pya-tha-da Pagoda）几乎是旅客观日落必到之处，它的平台宽广，可容纳千人。塔下面是片辽阔的平原田野，更远些是草丛与林木间夹杂着的一座座样式不一的古塔，远方则是绵延起伏的群山，远、中、近皆视野无阻。当浑圆的夕阳徐徐落下，与地面的距离越来越近，色彩开始出现多种变化，除了将天空映照得通红，周围也同时显现出多种色彩，如红、橙、紫等，璀璨多姿。大自然环境如此壮阔而绚丽，令人赞叹。随着刺眼的光芒逐渐转为温和，天色逐渐变暗，眼前林立的古塔群与背后的山峦成为平原上美丽的剪影。这段时间内，我几乎没有停下按相机快门的动作，试图留下这奇幻的景象。直至太阳消失于山的后方，大地终于呈现空旷寂寥，我也终于从那神奇的国度返回到现实中。

我踏过千山万水，到访145个国家，观日落无数，唯独蒲甘的日落，既显得如梦如幻，又呈现出无比壮美，令我久久不能忘怀。

蒲甘日出红似火

　　我原以为日落中蒲甘的美景已是极致，不料当日行程结束后，导游居然说，蒲甘的日出更胜日落。因为这句话，我决定翌日拂晓前出发，再观日出。

　　导游亦推荐在旧城区外的明噶拉塔（Mingalazedi Paya），意为吉祥宝塔。佛塔位于伊洛瓦底江畔，高逾 40 米，登上佛塔的平台，周围视野广阔，一望无际，使之成为观日出的另一理想地点。该塔是蒲甘王朝最后一座宏伟建筑，由国王那罗梯诃波帝（Narathihapate）兴建。据说曾

空中俯瞰蒲甘

086

有预言家表示：当佛塔竣工之日，便是亡国之时。因此佛塔中途曾经停建，建筑从开始到完成长达 11 年之久，而完工的 10 年之后，预言果然应验，1287 年忽必烈率铁骑入侵，造成蒲甘王朝的覆灭。建塔的那罗梯诃波帝弃城而逃，因此这座塔取名"吉祥"实在讽刺，应该是"不吉祥之塔"才对。该塔也因为那罗梯诃波帝的出逃，而有"逃跑国王塔"的别称。

接着导游介绍佛塔不论在结构、造型和塔上的石雕规模方面，都别出心裁。高塔的三层平台角落分别有小的佛塔、壁画和釉面瓷砖，非常值得玩味。不过登塔的阶梯特别陡直，按当地的规定，不管男女老少、富贵贫贱，进入佛塔、寺庙都得脱掉鞋袜，光脚登塔。然而清晨温度颇低，石阶上沾了朝露，更是冰冷且湿滑。我评估登塔略有难度，于是放弃登塔，按导游的另一个建议，选择再乘坐热气球升空，高空欣赏蒲甘日出的景色。

乘坐热气球腾空观日出，已成为蒲甘的一大热门项目，每年 10 月至来年 4 月是乘热气球的旺季。蒲甘一带提供服务的公司共有 3 家，配套设备相较茵莱湖更为完善。3 家公司的热气球分别以红色、黄色和绿色来区分，其中红色的公司与我日前在茵莱湖乘坐热气球的公司是同一家，我也因此在票价上得到优惠。此外，根据酒店礼宾部的介绍，红色公司享有较佳口碑，热气球也最多。

乘热气球的收费并不便宜，每位票价 350 ~ 400 美元，比起我在土耳其乘坐时的费用要高出一倍。虽然价高，却

工作人员正做热气球升空的准备

并未影响旅客搭乘的兴致。不少旅游杂志都曾经介绍蒲甘
的热气球体验，专业摄影师的美丽照片如梦似幻，吸引人
们想要亲身享受一场特别的日出盛宴。我乘专车来到考古
区外围的集合地点，这是个有着 4~5 个足球场大的空旷荒
地，现场的工作人员已做好热气球的升空准备。火光熊熊、
满载乘客的热气球先后升空，林中的雀鸟受到惊扰，一时
之间纷纷扑翅乱飞。因为温差的关系，清晨的大地笼罩在
袅袅薄雾中，使得整座千年古城犹如云雾迷蒙的仙境，若

在热气球上观赏蒲甘全景

作者与工作人员合影

隐若现。古塔、佛寺仿佛飘浮在云朵之上。随着太阳从地平线升起，金黄色的霞光洒落在平原田野上，好像是为大地披上一袭轻纱，云蒸霞蔚，好一幅梦幻绝美的图画！这种带有奇幻气氛的壮美着实令我毕生难忘。

我搭乘的热气球随风飘移，忽上忽下，经过了好些古塔和寺庙，它们近在咫尺却又遥不可及。此情此景，我脑海中不由得想起了英国名作家毛姆（William Somerset Maugham）在《客厅里的绅士》一书中对于蒲甘佛塔的描绘：晨雾中，它们隐约浮现，硕大、遥远而神秘，就像幻梦的模糊记忆。

老蒲甘遗迹与市集

　　结束了热气球鸟瞰蒲甘大地的塔林行程之后，接下来
的行程从老蒲甘开始，这里最适合采用安步当车的游览方
式。9 世纪时，老蒲甘已建有坚固的城墙，以及 12 座雄伟
的城门。然而再坚固的王城也终究抵挡不住时光的摧残，
千年的岁月洗礼使昔日的王城如今只剩下部分残壁和一座
城门遗迹，这座城门就是塔拉巴门（Tharabar Gate）。城门
的模样仍依稀可辨，城墙相当厚实，不免令人遥想鼎盛时
期古城的盛况。

塔拉巴门

塔拉巴门最特别的是城门两侧各有一个壁龛，一左一右，供奉的并非佛像，而是守护神灵纳特，这两尊纳特为兄妹，左边是妹妹金面女士（Lady Golden Face），右边则是哥哥英俊王（Lord Handsome），两者皆为 37 尊官方神灵之一。这里面包含一个悲伤的故事，据说有位国王惧怕哥哥的神力会威胁到他的王位，所以假意娶了妹妹，用意在诱捕她的哥哥。国王的计谋果然得逞，哥哥遭到逮捕，正当他遭受火刑时，妹妹不顾一切，也跟着纵身一跳，在烈火中一切都化为灰烬，只留下了妹妹的金面。兄妹俩死后化为纳特，附在一棵树上，国王又将该树砍掉，并丢弃于伊洛瓦底江，树干顺流而下漂流到蒲甘。兄妹俩托梦给蒲甘国王，愿意守护蒲甘城，蒲甘国王便将树干剖为两半，刻上人的样貌，运至波帕山（Mount Popa），使其成为山的神灵。后来蒲甘国王更将两人的塑像供奉在城门两边，成为蒲甘城的守护神。

为此，当地形成了一种风俗，每当人们的摩托车、汽车和马车经过此城门时，都会顺道带来供品，供奉兄妹两人。假如人们忘记没有带上的话，就会发生事故，可以说非常灵验，因此老百姓都会专程膜拜这对"门神"，祈求一路平安。

城门遗址的对面是一座金宫（Golden Palace），导游却说它只不过是政府为了开发旅游，在 2008 年重建的一个景点，是皇宫的复制品，并非当年的建筑。我倒觉得无妨，仍旧进入参观，想见识一下蒲甘王朝旧日的风采。宫殿内外金碧辉煌，富丽堂皇，建筑包括主殿、偏殿和花园等，宫内还以雕塑重现当年国王议事的场景，有点"雕栏玉砌

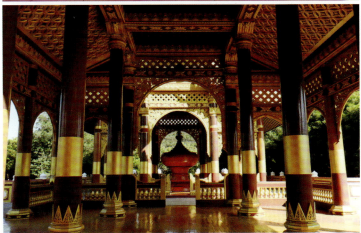

金宫是旧时皇宫的复制品

金宫入口

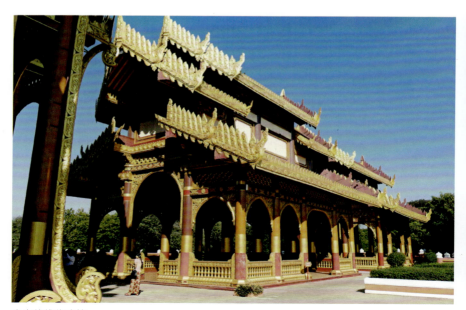

金宫的雄伟建筑

应犹在，只是朱颜改"的感觉，令人唏嘘不已！

　　这一天正值月圆之夜，是当地的一个节日，古城开满庆祝节日的集市。集市分干货区和小食摊档区，到处人头攒动，挤迫不堪，正适合体验当地人民的生活实况。导游表示集市一连开市几天，越晚越热闹，一家人扶老携幼游逛市集，席地而坐，或聊天或享受美食，这样的生活对他们来说已足够丰富而奢侈了。

老蒲甘市集上兜售的小物件与小吃

作者与小沙弥合影

仙人跨海休问，随处是蓬莱

结束上一段旅程之后，我继续乘搭导游为我安排的马车，迎着晨曦朝露，听着马蹄踏击地面的哒哒声徐徐前行，顺着导游手指之处逐一浏览。这一行程让我真正体会到为何人们总是用"眼观四方，所到之处皆是浮屠"来形容蒲甘。

为了让我对佛教知识有更多的了解，导游乐此不疲地向我介绍佛塔的形状和特点。一路所见的一座座塔其实可分为佛塔和寺院，其中佛塔为砖砌的实心结构，人是无法进入或穿越的；寺院则不然，内有供人们进入膜拜的佛像。塔和寺虽然外形变化万千，但基本上塔基在早期为方形，后来才演变为多边形等；主塔的外形则有半圆形、圆柱形、钟形等样式。导游继续补充道，其实不只佛塔造型多变，塔内的佛像大大小小更是形态各异，雕刻技术精湛，巧夺天工，甚至有的塔寺还留有精美的彩绘壁画，这些古老的建筑艺术都是缅甸珍贵的历史文化遗产。

为了让我不错过几座最具代表性的佛塔，导游催促马夫快马加鞭，扬起阵阵沙雾。马车加速奔往良乌西边的地标——瑞喜宫佛塔（Shwezigon Pagoda），又译为瑞西贡佛塔。它始建于 1031 年，历经蒲甘王朝创始者阿奴律陀王及其子江喜陀王（Kyanzittha）两代，经过漫长的60年才建造完成。它是蒲甘王朝历史最悠久的佛塔，是蒲甘佛塔的源头，同时也是最壮观、修建工程最为浩大的塔，不仅是蒲甘也是全缅甸的佛教圣地。

　　若论塔本身的造型，并不复杂，一共有3层塔基，其上是八角形的平台，平台上方则是高40多米呈钟形的主塔，全部用石块垒成，外表再贴上金箔。传说塔内珍藏了佛祖的锁骨、额骨和牙齿舍利。塔基内壁嵌着547块绘有精致佛《本生》（Jataka）故事的釉陶画。所谓本生故事，是讲述释迦牟尼未成佛时，在许多前世中修行的故事。此外，塔的四面各有一座像是凉亭般的方形寺庙，里面供奉4米高的铜质立佛。周围还有多座小塔和凉亭群。其中最有趣的是一座父子殿，殿内中间只有两尊端坐于台上的雕像，

瑞喜宫佛塔的外观

一上一下，上方的是儿子，下方的是父亲。这两尊塑像面带微笑，看起来憨态可掬，模样相当讨人欢喜。我不停按下相机的快门，以期将这些景物尽收镜头内。

作者与当地僧侣合影

我来此之前，曾翻阅过资料，知道有一座象征中缅友谊的蒲甘凉亭，就在瑞喜宫佛塔的东门外。这座造型别致的凉亭要追溯到 1961 年 1 月 8 日，当时周恩来总理率领中国友好代表团访问这里，并捐款用以保护蒲

佛塔周围的小塔与凉亭

阿南达寺

4 米高的铜质立佛

甘文物。缅甸人民遂修建这座凉亭，作为纪念，象征中缅两国的永恒友谊。凉亭的正面用缅文镌刻了"人民群众使用中华人民共和国总理周恩来所捐之款做的善事"。我拿起相机，原打算拍下纪念碑，但见多人倚碑而坐，无法拍，终究还是放弃拍照，无功而回。

我参观的第二座代表性佛塔是位于塔拉巴门旁的阿南达寺（Ananda Temple），又译阿难陀寺。该塔 1091 年由江喜陀王修建而成，并以佛祖释迦牟尼的弟子阿南达命名。我认为它应该算是当地最宏伟且最美丽的佛塔。

佛塔的底座为十字形，代表了平衡与和谐，内有回廊，佛塔竖立于中央，浅黄色的塔身有 70 多米高，与周围建筑相比，如巨人屹立一般，非常高大宏伟。与周围包括提供僧人居住、念经、藏经、授职、集会等多元用途的建筑一起，形成一组气势宏大、主次分明又浑然一体的建筑群。阿南达寺内东西南北各有一门，门内各有一尊大佛像，回廊与外墙更有数千尊大小佛像，灿烂的阳光洒落其上，佛像更显得生动而庄严。除了佛像外，又有讲述佛祖《本生》故事的彩陶浮雕，以及无数小塔、动物和怪兽等雕塑。

有意思的是，南面那尊佛像面部表情仿佛会随着我的视线角度不同而有所改变，当我站在正面或侧面不同的位置凝视佛像时，发现佛像是面带微笑的；走到佛像的脚下仰望，又发现佛像的面容是庄严而肃穆的。一千多年前缅甸的建筑雕塑工艺已如此高超，令我心生敬佩。寺内坐满信徒，虔诚地跪拜佛像，祷告诵经。在如此庄重的气氛下，我默默放下相机，避免按动相机快门的声响惊扰了他们的诵经，打破这庄严的场面。

从阿南达寺出来，再往前，位于老蒲甘西北方的就是卜帕耶寺（Bupaya）。它紧邻伊洛瓦底江，在江边就能看到这座闪耀金光的醒目佛塔。佛塔为骠族风格，呈圆柱形，有点类似灯泡的形状。"Bu"在缅文中是"葫芦"的意思，所以其又有"葫芦塔"的称号。塔前有一面牌子，上书 AD300，按考古学者的估计，此塔建造于 3 世纪，比蒲甘所有的佛塔都早得多。不过还有另一种说法，认为葫芦塔与蒲甘城墙差不多同一时期修建，也就是大约在 850 年。

从江上观看卜帕耶寺

遗憾的是，最初的佛塔已毁于1975年的地震中，如今所见立于两层高台上的巨大金色宝塔，是灾后重建的，并非原本的历史古迹。

我驻足于平台上，欣赏眼前这条孕育缅甸文明的著名江河，它横卧在大地上，波光闪烁，川流不息。

蒲甘现存2000多座古塔佛寺，我不可能做到一一造访，这半天的游访，我只能囫囵吞枣，尽可能地多走多看。虽然未能好好消化所有塔寺的历史和特色，却能强烈地感受到蒲甘曾经是一个多么强盛的王国，想象每天晨钟暮鼓时，成千上万的僧侣列队走进佛塔膜拜、诵经的庄严场面。我此生有幸能够亲临这些各具特色，或精巧或壮美的宗教古迹，已深感荣幸。

距离蒲甘50千米外，有一座波帕山（Mount Popa），海拔 1518 米，号称是缅甸的"奥林匹斯山"，又被认为是佛教的宇宙中心"须弥山"。它同时是纳特信仰的朝圣地，这里的山神就是老蒲甘塔拉巴城门供奉的兄妹纳特中的哥哥。此外，山下有一座神母神社（Mother Spirit of Popa Nat Shrine），里面则供奉了 37 尊官方纳特的塑像。Taung Kalat 海拔 737 米，是波帕山最有名的山峰，与四周的高度落差很大，像是拔地而起，看上去非常陡峭。峰顶有个远近驰名的汤恩格拉德僧院（Taung Kalat Monastery）。导游向我说明，若要登此山，全程必须赤足，且阶梯共有 777 级，在炎热的高温下，容易中暑，导游建议我放弃登山，到对面的波帕山国家公园远观即可。

我听从导游安排，途中穿越一个小村落，热情的村民包括几个孩童把我团团围住，领我进入村舍参观。我亲眼目睹蒲甘农村困苦的一面，村中房屋和校舍教室简陋不堪，仅有的对外交通仍旧是崎岖不平、满是尘沙的泥土路。然而孩童天真无邪的笑靥，以及肩扛竹篮的村民羞赧但真诚的微笑，又令我深深感受到民风的朴实、勤劳和善良，以及他们不以穷困为苦、乐天知命的精神。

国家公园内有个波帕山酒店（Popa Mountain Resort），来到酒店我坐在酒店的露天餐厅休息一会儿。这儿的视野开阔，一览无遗，Taung Kalat 山峰正矗立在前方。峰顶的汤恩格拉德僧院竖立着金色的塔尖，令我想到峨眉山上的金顶，正是一处"仙人跨海休问，随处是蓬莱"的美景。

虽然我未能登上 Taung Kalat，但却在附近发现了意外

坐在酒店外远眺波帕山佛学院

惊喜，见到很多的化石。波帕山是座死火山，这片地带有丰富的奇珍异宝，尤其是我喜爱收藏的硅化木（木化石），十分完整，俨如一片自然的石化森林。我本想趁机搜寻各类罕见化石，为我在台北开设的藏馆"琥石琚"再添珍品，

泛舟伊洛瓦底江，欣赏江畔风光

忽然想起接下来尚有柬埔寨的旅程，实在不便携带，只能遗憾空手而归。

　　结束一整天的佛塔行后，导游建议此刻正适合泛舟于伊洛瓦底江，是透过观赏日落从而感受蒲甘的山、水、神、人浑然一体意境的最佳时段，我欣然前往。

世界上最大的皇宫——曼德勒皇宫

告别了拥有万千佛塔的蒲甘，我的缅甸之旅也接近尾声。在缅甸，佛塔多、寺庙多、僧侣多，可以说是无处不见出家人，无处不闻诵经声，"俯仰之间皆是菩提"。在遁世的错觉中，我启程直奔收官之地——曼德勒（Mandalay）。

曼德勒是缅甸第二大城市，位于缅甸中部平原，伊洛瓦底江的东岸，背倚曼德勒山（Mandalay Hill），因而得名。它的巴利语名称有"多宝之城"的意思。由于缅甸历史上著名的古都阿瓦（Ava）就在附近，所以又有"瓦城"之称。

曼德勒是缅甸最后一个王朝——贡榜王朝的最后一个首都。1857 年，贡榜王朝的敏东王（Mindon Min）在此修筑皇城，作为首都。敏东王是一位比较开明的君主，他在位的 20 余年，不仅带领人民抵御英国殖民主义的入侵，同时又创造了辉煌灿烂的文明。然而，自 19 世纪中叶起，英国先后对缅甸发起 3 次侵略战争，直至 1885 年攻占曼德勒，并俘虏敏东王的继任者锡袍王（Thibaw），贡榜王朝宣告灭亡。缅甸历史上曾有过多座古都，完整保存下来的唯独曼德勒的王城。

曼德勒皇宫

近20年来，大量中国移民涌入，尤其来自边境接壤的云南省，使得双边贸易非常频繁，曼德勒的华侨人数几乎占了当地人口的一半，经济成果也与华人长期的辛勤劳动和努力分不开。不过有些当地人担心这里终将成为中国境外的一个卫星城市，认为古城的风貌将因此改观。

曼德勒市内的街道设计，参考了欧洲城市的规划方法，横竖垂直交错，街区方正。且与仰光类似，东西走向的街道使用60以下的数字来编号，从北到南依次递增；南北走向的街道使用60以上的数字编号，数字越高越靠西边。

曼德勒是曼德勒省的省会，也是缅甸的政治、经济和文化中心之一，可它同缅甸大多数地区一样，城市公共基础设施依然很落后。但这丝毫不影响曼德勒的神圣地位，它不仅是承载着灿烂历史文明的故都，也是佛教圣地之一。据说全缅甸僧侣超过50万人，其中3/5都居住在这里。

在我住宿的城中酒店对面，有一座耀眼的曼德勒皇宫（Mandalay Palace）。每天当我走出房间露台，占地广阔、建筑宏伟的皇宫尽收眼底。皇宫建于1857年敏东王年代，是缅甸王朝的末代宫殿，在"二战"时皇宫曾被战火摧毁，1989年缅甸政府开始根据历史图片和数据进行重建，花了7年时间，到1996年开始对外开放让游客参观。

皇宫整体呈正方形，边长2千米，有4座主城门和8座边门，城墙设有炮塔作防御之用，墙外还有约70米宽、3米深的护城河包围，城墙4个角落建有角楼，乍看过去有点眼熟，让我想到北京紫禁城。若论精致华丽的程度，该皇宫自然是无法跟紫禁城相比。不过曼德勒皇宫的占地面积约400万平方米，是目前世界上最大的皇宫，相当于紫禁城的5倍半之多。占地面积如此之大，出乎我意料之外，也可以想象当年贡榜王朝是何等兴盛。相传当年皇宫的建筑设计师来自中国云南，因此建筑风格集中国、印度和缅甸于一体。

目前，皇宫内仍驻扎着军队，属于军事管理区，我和其他旅客只能从东门进入，且必须按规定的路线参观。据说皇城原本共有104座宫殿，但重建修复的仅有其中的89座，且并非每座都对外开放参观。

我顺着指引来到宽阔的金銮殿，此处为贡榜王召见群臣、议事的殿堂，殿内有华丽精致的尖塔，整座大殿由15

曼德勒皇宫是世界上面积最大的皇宫

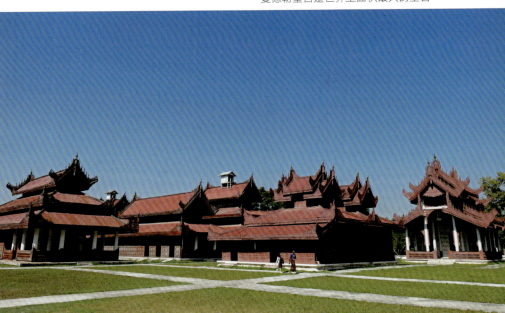

曼德勒皇宫的尖塔

皇宫内的宫殿宽敞气派

米高的金漆柱子所支撑。中央是国王的狮子宝座，以及敏东王和王后的塑像。此处展示的宝座是复制品，真品在仰光的博物馆。

　　皇宫内的建筑以砖红色为基调，木结构建筑大部分使用有"万木之王"称号的柚木，这种木质细密而坚韧且不易断裂，也不易被虫蛀，可说是历久不衰。屋顶有好几层，一层一层叠上，且逐层缩减，这种建筑形式被称为帕雅塔（Pyatthat）。特别是金銮殿的尖塔顶，精雕细琢，工艺十分复杂。其中国王的宫殿在屋檐部分镶有金色的边缘，而后妃宫殿的屋檐边缘则维持砖红色。所有宫殿的规格大小、等级高低是按身份而建。

　　皇宫内还设有清幽雅致的御花园。不过宫殿内部的陈设并不多，许多已在战乱中损毁或遭到掠夺。偏殿现在是

皇宫外的护城河

　　文化博物馆，展品不多，像是国王的服装、用品和照片等，除了一张锡袍王的玻璃柱四柱床较为珍贵外，似乎就没看到什么特别的精品了。

　　离开前，我登上了 120 多阶的瞭望塔，从 30 米高处俯瞰整座皇宫，从这儿甚至还能遥望到远方曼德勒山上众多的佛塔和佛寺。

神圣的马哈牟尼佛寺

　　如果到曼德勒只看皇宫一个景点的话，那一定要去马哈牟尼佛寺（Mahamuni Paya）。

　　这座位于曼德勒西南方的著名寺院的历史可以追溯到1784年，不过1884年曾遭到火灾肆虐，现在的寺院是后来重建的。马哈牟尼佛寺之所以如此受到尊崇，是因为里边供奉着火场余生的马哈牟尼佛，又称大金佛。缅甸人对大佛寄予无限崇敬，相信他可以带来奇迹。马哈牟尼佛寺与我早前参观过的仰光大金塔、孟邦大金石同为缅甸的"三大佛教圣地"。

　　传说，佛祖的一生中铸有五尊与他相同的佛像，其中两尊在印度，两尊在天上，剩下的那一尊正是马哈牟尼佛像。缅甸西南部的若开邦（Rakhine）在古代被称为阿拉干王国（Arakan）。公元前554年，佛祖释迦牟尼悟道后，带着弟子与僧众前往各地传道说法，来到阿拉干的首都达雅瓦底城（Dhanyawadi）。当时的阿拉干国王是个虔诚的佛教徒，听闻佛祖的到来，立刻率领王族、大臣与随从千余人前去迎接，恭听佛祖讲道。讲道结束后，佛祖即将离开，国王祈求佛祖能让他铸造一尊与佛祖容貌一样的佛像，让他的臣民都来供养与膜拜。最后佛祖被国王的诚意打动，遂答应他的要求，在菩提树下打坐 7 天。在这段时间里，帝释天（Sakka）下凡将国王与人民的奉献按照佛祖的模样铸造出一尊佛像。据说在铸造期间，佛祖用胸口 7 滴汗水注入铜水，铸造完成后，佛祖又朝佛像注入 7 口灵气，使得完成后的佛像果真与佛祖一模一样。这尊经过佛祖亲自开光的佛像就是马哈牟尼佛像的由来。

1784 年，贡榜王朝的孟云王（Bodawpaya），又称波道帕耶王，征服当时统治若开的谬乌王国（Kingdom of Mrauk-U），将佛像作为战利品带回首都阿马拉布拉，并为此修建佛寺。

马哈牟尼佛像地位神圣，当地人将其视为佛祖真身，认为佛像有着无穷的法力，因此佛寺也成为曼德勒香火最为鼎盛的地方，朝拜的信徒络绎不绝。马哈牟尼佛寺给我的第一印象，就是金碧辉煌中不失庄严肃穆。走进佛寺，长长的拱廊贴满金箔或漆上金黄色，并刻有精美的雕花，满眼都是金光灿烂。身着红色袈裟的僧人、朝拜的信徒以及各方旅客都得脱下鞋袜，赤足穿行于长廊。长廊的末端就是大金佛金身所在的大殿，众多信徒匍匐在佛像前，这里是整座寺院最热闹的地方。

大金佛的形态是一尊坐佛，约 4 米高，身上镶有金饰与宝石。除了佛像的面容外，其前后左右均被金箔贴满，甚至连宝座也没有放过。岁岁年年，年年岁岁，片片金箔代表了无数虔诚的信徒的信仰和愿望，一层又一层，据说最厚的部位足足有 16 厘米。这里也有与缅甸其他佛寺相同

前来参拜的信徒络绎不绝

的规定，那就是只有男性信徒才获准登上神坛替佛像贴金，女性信徒不允许靠近佛像，她们只能在神坛的栏栅前膜拜祈福。我不由得顺口问导游一声，莫非佛祖也有男尊女卑之分。导游无话可说，唯有微笑以对。

大金佛的面容并未贴上金箔，显得格外晶亮。根据导游的介绍，佛寺每天清晨4点钟都会举行一项"大金佛洗面"仪式，仪式开始前，信徒会供奉食物、鲜花和香烛。在仪式当中，僧人和信徒先虔敬地膜拜后方为佛像洗刷脸庞，使用黄香楝树树干磨成的特纳卡涂抹，再以清水擦拭。揩抹脸庞用的毛巾是信徒所敬献的，待仪式完成后，这些使用过、代表经过加持的毛巾会交由信徒带回。

自1988年开始，"大金佛洗面"成为每天既定的宗教仪式，有不少信徒不远千里前来守候这个神圣的时刻。我

男性信徒为佛像贴上金箔

来到时，发现大殿早已挤满了人群，于是我并未等待仪式开始，就先行离开，前往乌本桥畔观日出。

待观赏日出后，我又重返马哈牟尼佛寺参观。大殿上依旧留有众多信徒和游客，各自继续忙于为佛像贴上金箔、跪拜诵经，殿内诵经之声不绝于耳。

至于大殿以外，相对而言，信众就相当稀少。另外，三面的神龛前信众也不多，较大殿清静多了。我悠闲地观看有关佛祖故事的壁画后，来到室外，此时才真正看清佛寺的外观。马哈牟尼佛寺的主体是一座巍峨的尖顶大金塔，在晨光下，特别耀眼夺目。

大金塔尖上镶嵌一颗重 7 克拉的钻石，非常珍贵罕有。2017 年年底，金塔进行全面的清洗和维护，却赫然发现钻石不翼而飞，佛寺的管理人员吓得魂飞魄散。经过多番追

佛寺上方是座尖顶大金塔

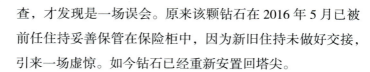

查，才发现是一场误会。原来该颗钻石在 2016 年 5 月已被前任住持妥善保管在保险柜中，因为新旧住持未做好交接，引来一场虚惊。如今钻石已经重新安置回塔尖。

佛寺两旁的侧殿，展示了古代的大铜锣，以及几尊古旧的铜像。导游特地嘱咐我别忘了伸手抚摸几下，祈求平安吉祥。佛寺旁还有一座博物馆，馆内资料详细介绍了佛教的历史，并陈列来自世界各地，特别是亚洲地区的佛像和漆器。

曼德勒寻幽访胜

身为曾经的王朝首都，曼德勒城内不乏古迹名胜，甚至拥有"世界上最古老、最大的石刻经书"。这最大的经书到底有多大呢？我满怀好奇之心前往一探究竟，才知道原来是将佛教的经典《三藏经》刻在大理石碑上，一块石碑等于一页经书，总共有 729 块。与其说是经书，不如说它其实是一座庞大的碑林。这举世无双的"碑林经书"就藏身于美丽的固都陶佛塔（Kuthodaw Pagoda）内，也被称为石经院。

固都陶佛塔门前竖立了两块石碑，一块说明寺院已被列入世界文化遗产名录，另一块则用英文和缅文简单介绍这本"世界上最大的石刻经书"。

寺院内除了 4 条以柚木建造的长廊呈十字交错外，大部分是露天庭园，面积相当广阔。午后，地面经过炽烈阳光的"烘烤"，格外灼烫，我依旧得和其他信徒一样脱下鞋袜，忍受地上炽热的高温，赤足步入寺内。

我先来到位于中央的一座大金塔，金塔建于 1857 年，名字叫摩诃鲁迦摩罗辛佛塔（Mahalawka Marazein），即固都陶佛塔，形式为仿照蒲甘的瑞喜宫佛塔而建。整座金塔灿烂炫目，富丽堂皇，在艳阳高照下，显得格外有气势。

固都陶佛塔入口与长廊

固都陶佛塔金光耀眼

关于固都陶佛塔的历史，导游娓娓道来。1824 年和 1852 年，贡榜王朝经历两次英军的侵略，部分领土被英国占领，正值风雨飘摇、动荡危难之际。1853 年，敏东王与弟弟加囊亲王（Kanaung Mintha）推翻了前任的蒲甘王，成为新的贡榜王朝统治者。面对摇摇欲坠的国家境况，他非但没有萎靡不振，反而为了振兴王朝，致力于国内的改革与发展。为了弘扬南传佛教（即上座部佛教），兴建石经院，祈求经典能够长存世间，也祝愿国家能够国泰民安，江山永固。1860 年，敏东王命人打造世上最大的经书，把《三藏经》用巴利文（Pali）镌刻在大理石碑上。为了更妥善保护 729 块石碑上的经文，又盖起一座座大小样式一致的小白塔，替每一块石碑遮风挡雨。这些小佛塔的形式属于倒吊铃形，塔顶也装有金色的小铃。国家如此严峻的环境下，石经院花了 7 年多时间，直到 1868 年才修建完成。

小白塔群与石碑经书

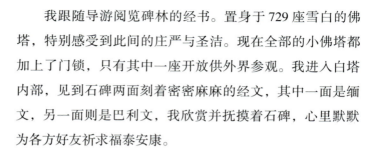

　　我跟随导游阅览碑林的经书。置身于729座雪白的佛塔，特别感受到此间的庄严与圣洁。现在全部的小佛塔都加上了门锁，只有其中一座开放供外界参观。我进入白塔内部，见到石碑两面刻着密密麻麻的经文，其中一面是缅文，另一面则是巴利文，我欣赏并抚摸着石碑，心里默默为各方好友祈求福泰安康。

　　据说当年敏东王为了确保刻在碑上的经文准确无误，还特别安排专人监刻，每刻一块都经过仔细复核，并规定若有人发现碑文错漏之处，将提供重赏，结果自始至终都未曾有人前来领奖，可见经文内容的准确性。不仅如此，待碑文刻好后，雕刻的人还必须用手逐块抚摸经文是否平滑工整，制作过程认真细致，一丝不苟。

　　1871年，敏东王在此处举行佛教的第五次圣典结集（Fifth Buddhist Council），结集目的在于检查审核经典是否有所遗漏，或遭到扭曲、窜改，以确保准确无误。2000多名高僧响应敏东王的召集，来到曼德勒，以接力的方式不间断地诵读729块石碑上的经文，工程相当浩大。

　　有几排白色小塔之间，栽种了树木，既起到保护佛塔的作用，又能让信徒们在炎热的天气下漫步白塔时，得以有休憩纳凉的地方。此外，中央金塔广场周边的凉亭也是舒缓高温之苦的好地方。

　　固都陶佛塔附近，还有座山达穆尼寺（Sandamuni Pagoda），是1874年敏东王为了纪念在一场政变中被谋杀的亲弟弟加囊亲王而建的，据说寺中央的金色佛塔便存有

固都陶佛塔美轮美奂的建筑

加囊亲王的骨灰。大金塔位于一座平台上，四周有较小的金塔围绕，外围则是数量众多的小白塔。主塔和白塔的塔顶都装有风铃，叮当的铃声随风响起，或许敏东王便是借此寄托对亡弟的哀思。我站在平台上，环顾四周，一座座白色小佛塔仿佛簇拥着直指晴空的尖塔，排列整齐犹如布局对称的方阵。

　　缅甸的寺庙多为砖石筑成，但这里却有一座金色宫殿僧院（Shwenandaw Kyaung），又称柚木寺，顾名思义是全柚木的建筑，三层的结构中，未使用一砖一瓦。整座建筑建于 1857 年，最初位于曼德勒皇宫之中，是敏东王和王后的寝宫，也是敏东王驾崩之地。他的继任者锡袍王为了避讳，在 1878 年将整座建筑从原址拆迁到了现在这个位置，并改为一座僧院。正因为这次搬迁，使其无意中避开了"二战"期间的轰炸，免于被炸毁的命运，完整

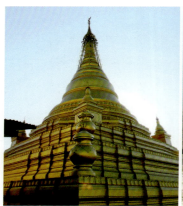

山达穆尼寺中央的金色佛塔　　　金塔外围有许多小白塔

外观满目沧桑的柚木寺

124

地保存下来。

沧桑而厚重，是这座柚木寺给我的第一印象。数百根粗大的柚木立柱将寺院整体架高，底部悬空，通风又防潮。第一层的主殿周围被一圈回廊所环绕，主殿向上逐层收拢，层层叠叠，立体感很强。

柚木寺有一个极其鲜明的特色，就是雕刻。无论立柱、墙面、屋脊、门窗或是隔板，密密麻麻满布着雕刻，以传统缅式风格雕出的内容包含人物、鸟兽或植物花纹等，纹路清晰而生动，惟妙惟肖，做工非常精细。每个角落都以繁复的纹样和雕塑点缀装饰，历经 150 年的洗礼，这些上好柚木的雕刻依然散发无穷魅力，令人惊叹不已。如今寺院已成为一件大型的木雕艺术品，也是木构建筑的经典之作。为了保护这些珍贵的木雕，外部的雕刻涂刷了黑漆，使得整幢建筑看起来黑黝黝的，更显得厚重暗沉。

为何纯柚木的寺院会称作金色宫殿呢？当我走进殿内，发现粗大的柚木柱和头顶的天花板都留有金漆的痕迹，依稀可以想象最初整座建筑都涂满金漆的华丽模样。可惜岁月的流逝褪去了曾经的辉煌，脱落的金漆年久失修，只剩下历史的斑驳。唯独正殿内的佛像经过修缮，依旧保有金光闪闪的容貌。

主殿里面靠近佛像的区域仍然有男女之别，男性可以进入，女性是禁止入内的。我一路走过缅甸众多寺庙，对于这种规定，已经见怪不怪了。

柚木寺内依稀可见当年的金漆痕迹

最后我们还找到一座由中国人出资兴建的喜迎宾寺院（Shwe in Bin Kyaung），建造者是一位发家致富的玉石商人。这也是一座以雕花柚木为主体的寺院，大殿、楼梯、栏杆和寺院顶上的飞檐同样雕满细腻精美的图案，

柚木寺中的雕刻装饰

与柚木寺同样壮美。相较柚木寺，此处游人不多，更显得安静而富有禅意。据说由华人建造的寺院，在曼德勒也仅此一座，甚是难得。

由华人出资兴建的喜迎宾寺院

乌本桥的迷人风采

　　曼德勒周边有4座各具特色的古城：茵瓦（Inwa，旧名阿瓦 Ava）、阿马拉布拉（Amarapura）、实皆（Sagaing）和敏贡（Mingun），其中前三座都曾经是贡榜王朝的首都，如今也成为游客来到曼德勒时不容错过的必游景点。

　　游古城离不开拜访佛教圣地、了解缅甸历史文化、欣赏田园风光等，不过有些景点居然让我在曼德勒的短短4天旅程中往来两三遍，阿马拉布拉古城内有一座乌本桥（U-Bein Bridge），就令我一再流连忘返。

　　在缅甸旅游的这几天，我几乎每日都观看日出日落，无论是没入伊洛瓦底江的滔滔河水中，或是从茵莱湖连绵的山峦间升起，又或是自蒲甘的万千佛塔中升起与落下，总令人赞叹不已。乌本桥的日出日落，跟其他地方比起来可是毫不逊色。

　　乌本桥建于1850年，当年贡榜王朝决定将都城阿瓦迁都至阿马拉布拉时，那时的市长乌本把阿瓦皇宫拆下来的部分柚木材料用在建桥工程中，无论桥墩或桥面一律使用珍贵的柚木。该桥高约5米、宽2米，桥身横跨东塔曼湖（Taungthaman），桥长1200米，至今仍是世界上最长的柚木桥。木桥以两排并列的木桩支撑，计算下来一共有 1086 根木桩，木桩之间还架有横梁，增加桥的安全性与稳定性。经历 170 年各种天灾的洗礼考验，乌本桥依然屹立不倒，至今只有桥中间少许部分桥桩子换上了混凝土的桩柱，其余仍维持原本的木质结构。

　　桥上以等距的间隔建有六座亭子，供行人遮阳躲雨。缅甸人认为这六座亭子代表的是佛教的"六和精神"。所谓"六和精神"即是戒和同修（戒律面前平等）、身和同住（行为上互不侵犯）、口和无诤（言语上和谐）、意和同悦（精神上志同道合）、见和同解（思想上有共识）、利和同均（经济上均衡分配）。

乌本桥

乌本桥是当地人往来的重要通道

除了历史的古韵和佛教的意涵外，缅甸人还相信，恋人们如果一同走上乌本桥，祈求相互永保这六种和睦互敬的精神，爱情将会更长久，使得乌本桥又被当地人视为"情人桥""鹊桥"。为此各地旅客不远千里慕名而来，青年伴侣在此海誓山盟，祈祷爱情长长久久，能够"执子之手，与子偕老"。

如今乌本桥不仅是当地人来往的重要通道，亦是闻名海外的旅游热点，慕名前来的游客人流如织。因此桥上不单可以见到红衣僧侣或是当地居民行经，也有个别的游客倚栏独处，或者一群游人嬉笑共行，当然更少不了情侣们的亲昵依偎。

个人认为，乌本桥是缅甸最有文艺气息的地方，虽然乍看之下朴实无华，却又余韵十足。尽管只是寻常的人与物，在此处的结合却营造了岁月静好的氛围，若非亲临其

境，实难用笔墨形容其中的美好与感动。在 4 天的时间内，
我先后来到桥边 3 次，更两度搭乘燕尾小艇，让船夫划至
湖中心，一边守候着日出日落，一边观看渔民一次又一次
撒网捕鱼的高超技术。以乌本桥交错的木桩为背景，呈现
一种奇妙而另类的梦幻画面。尤其在日落时分，霞光染红
了云彩和湖面，金黄色的落日在木桥后方徐徐降下，衬着
湖畔的佛塔、在田里忙于农事的农人和养鸭人家，地道的
田园风光令我恋恋不舍，直想留住这唯美动人的一刹那。
难怪游客将此评为"世上十大最美日落地"之一。

搭乘燕尾小艇等待日落

乌本桥的落日美景

渔夫撒网捕鱼与日落相映成趣

　　乌本桥附近有几间丝绸和漂染的手工作坊，还有银器作坊。最特别的是制作金叶子，也就是金箔的作坊，工人将黄金经过处理后打造成一片片金箔，专门提供信徒为佛像贴金、祈福之用。我想除了缅甸之外，估计在其他国家找不到这类的专门服务了。

漂染作坊

金箔作坊　　　　　　丝绸作坊

缅甸北部盛产玉石，曼德勒作为北部重要城市，有"世界玉都"之称。这里的玉石市场为全国最大，工人们在矿山上开采玉石后，直接运到这里进行打磨加工和售卖，产地价钱通常较为便宜，很多中国的珠宝商都会千里迢迢前来采购。

这个市场的规模有 3 个足球场那么大，但设备却很简陋，类似菜市场的摆卖摊位，商贩们大多席地而坐，等着客人上门淘宝。摊位贩卖的玉石按质量档次划分在不同的区域，靠外边的货色一般，越往里走就越是精品。整个市场熙熙攘攘，人来人往，相当热闹。还有不少"掮客"在市场里来回走动，他们身上背了个挎包，里面装着各种不同规格和质量的玉石，如果发现合适的客户，就上前搭讪，兜售包里的"珍品"。遇到有购买意向的客户，他们便会将客户领到一边细看慢谈，当然价格也是天壤之别。

我本身喜欢收藏玉石，在这里如鱼得水、不胜欢喜。

人潮涌动的玉市场

因碍于缅甸政府禁止未经打磨的玉石出口的规定，我只好按捺住大肆采购的想法，最后挑选几块自己喜爱的玉石，作为此行的纪念。

不过还是要忠告各位朋友，若仅止于喜欢，而不懂得鉴别和杀价，建议千万不要轻易入手。最好由懂行的朋友带着，多看多学，慢慢积累经验，才不致买到劣品。

"千人僧饭"

在曼德勒一带，每天遇到僧侣的频率要高于一般民众，任何地方都能够见到赤足的僧人手持盆钵化缘，有的独自成行，有的三两结伴。

作为不折不扣的佛教国家，缅甸的民众将礼佛视为人生大事，布施也是其中重要的一环。当地人一早就做好饭食，在家门口等候化缘的僧侣。听导游介绍，僧侣们会礼貌地走到民众的家门前，停留时间不会超过 5 分钟，若没有人布施的话，就会默默地离开，转往别家。

不过有些知名僧院的僧侣甚至无须外出化缘，布施的善长仁翁每天会按时捐赠斋饭，僧侣们只要排队等候领取即可，例如，马哈伽纳扬佛学院（Maha Ganayon Kyaung）就已经成为一处观看整个布施仪式的知名场所了。

马哈伽纳扬佛学院位于阿马拉布拉，距离乌本桥不远，据说是全缅甸最大的僧院，约有 2000 位僧侣在此修行，被称为"千人和尚寺院"，从 10 岁小沙弥到 60 多岁的大住持都有，其中不乏得道高僧。他们来自不同地方，有富亦有贫，不过对于贫困地区的儿童来说，佛学院是一处免费受教育的学习场所。我之前曾经提过，每位缅甸男性一生都必须至少出家一次，到僧院内学习佛法，遵守佛门戒条，经过这样的学习，才能受到社会的认可与尊重。出家甚至可以不止一次，也就是出家之后可以还俗，之后再度出家；出家的时间亦可长可短，长的有超过 10 年之久，短则几个月甚至一两星期皆可。僧侣还俗后就如常人一样享有结婚生子的权利，最后选择皈依佛门、终身当僧侣专心潜学的也大有人在。

我提前来到佛学院，时间尚富余，便参观起学院周边的环境。学院里种有诸多高大树木，多栋由信徒捐献的建筑掩映在一片绿色中，静谧闲适的氛围，的确很适合潜修。这些房子基本都有两层楼高，有教室、办公室、寝室，以及独立的厨房等。房子的风格、造型和颜色各异，其中当然也包括纯粹的缅甸建筑风格，室内铺上地毯，学员们大多席地而睡，生活比较清苦。我闲逛的时候，发现在学院的各个角落学员们或是诵经，或是交流佛学。有些小沙弥尚且年幼，不改稚气，到处奔跑，在我拍照时甚至还摆起造型，气氛和乐，让我心情很自然地放松下来。

大约 10：30 之后，闻名的"千人僧饭"布施仪式就要开始，我提前占据好位置，游客鱼贯而入并聚集起来，等候仪式正式启动。其

小沙弥排成一列，往饭堂移动

137

僧侣们接受两旁信众的布施

实，进餐本来是一件再普通不过的寻常事，只是因为马哈伽纳扬佛学院僧众达几千人，又是集体就餐，这就使得寻常事变得壮观起来，从而吸引世界各地旅客的围观惊叹。

在前往饭堂的路上，僧侣们整齐地排成两列，从六七岁身穿白袍的小沙弥，到二三十岁的红袍僧人，一律赤着双脚，手捧僧钵，井然有序地缓缓走进饭堂，并陆续向守候在饭堂前布施的信徒们行礼致意。他们默不作声，表情从容平静，相较道路两旁围得水泄不通的各地游客，各种相机长枪短炮此起彼落的咔嚓声，如同两个完全不同的世界。

我也是举着相机猛按快门的一员，这一刻却不禁感到不安。我们这些外地人仿佛在看一场表演，但这些僧侣却并非演员，这是他们真实的平常生活，却被我们这些俗人

僧侣们专心用餐

年长或修为较高的高僧住持坐在圆桌用餐

139

无礼蛮横地干扰，也造成他们的尴尬，这实在是一种不尊重的行为，更是破坏了佛门的清净。待僧侣们鱼贯进入饭堂后，我从堂外观察到，全体僧侣领到布施后，马上开始进食，而且都做到"食不语"，没有人在饭桌上交谈，只是专心地进餐。较年幼和初级的僧侣都在一排排的桌子上用餐，年长或修为较高的高僧住持则围坐在圆桌用餐，他们无须排队等候，桌上的菜色也较为丰盛。

佛家有"过午不食"的规矩，僧侣们的就餐时间极短，且不得超过正午时分。集体进餐半个小时之后，已经有僧侣陆续离开饭堂，各自忙于学习、修行等事务。

曼德勒周边古城

　　阿马拉布拉以南的茵瓦古城有着悠久的历史，1364 年至 1841 年，包括阿瓦王朝（Kingdom of Ava）、东吁王朝（Taungoo Dynasty）和贡榜王朝都曾以它作为首都。当地原本留下不少阿瓦时代的遗迹，奈何受到地震和"二战"时期的破坏，使得古城大多仅存残砖碎瓦，散落在乡间小路旁、农田阡陌中，或是绿荫如盖的林木之间。

　　要想在这儿寻找失落王朝的遗迹，当地人推荐搭乘以牛、马拉动的"的士"慢慢闲逛。于是，我雇了一辆马车带着我摇摇晃晃穿梭在两旁是参天古树的林荫小路，去探访王朝遗留下的历史痕迹，别有一番趣味。

　　首先我来到一座古色古香的柚木寺院——宝迦雅寺（Bagaya Kyaung），该寺与曼德勒城内的金色宫殿柚木寺同样全由柚木建成，总共有 267 根柚木柱支撑这座寺院，其中一根柱子高达 18 米，约 3 米粗。最引人注目的，非寺院内那些精雕细琢的彩绘图案莫属了，无论是花草、动物或是人物的雕刻，细密繁复的花纹让人赞叹。寺院如今变成了学堂，是小沙弥们学习的场所。附近一带杂草丛生，一些古代的遗迹就这么被掩藏起来，显得特别荒凉沧桑。

　　据导游介绍，过去贡榜王朝的巴基道王（King

茵瓦古城的南明瞭望塔

Bagyidaw），又称实皆王或孟既王，在这儿所建造的王宫已所剩无几，除了少数断垣残壁外，王宫绝大部分的建筑早就湮灭在丛林中，唯独仅存的南明瞭望塔（Nanmyin Watch Tower）变成一座孤立在平原树丛间的斜塔。瞭望塔高 27米，若登上塔顶，整座茵瓦古城遗址尽在眼底。可惜由于1838 年（有一说是 1839 年）的一场地震波及，导致塔身倾斜，加上日久失修，恐随时有倒塌的危险，为了安全起见，目前已经关闭，禁止旅客登塔，我只能遗憾地在塔前观赏昔日王朝的建筑风彩。

斜塔后方有一座古寺院——玛哈昂美寺（Maha Aungmye Bonzan Monastery），同是贡榜王朝的产物，由巴基道王的王后于 1818 年（有一说是 1822 年）所建，作为高僧 Nyaung Gan Sayadaw 的居所。其特别之处在于它是砖石结构，与一般木造建筑不同。尖塔的部分与柚木寺外形类似，

砖石结构的玛哈昂美寺

143

玛哈昂美寺的内部长廊

玛哈昂美寺建筑的雕花

帕雅塔（Pyatthat）形式的屋顶一层叠一层，总共有7层设计。外墙呈现淡淡的黄色，建筑样式繁杂而又精美，还有不亚于木雕的细致雕花图案，使得整座寺院犹如一件艺术品，是贡榜王朝寺院建筑代表之作。

　　另外两座古城敏贡与实皆都在伊洛瓦底江的对岸，要想前往，得先渡江，有两条路线供选择，一是乘车过江，二是搭乘渡轮。我选择了乘车，以便从桥上观赏江面与两岸风光。

　　跨江大桥共有两座，一新一旧且互相平行。其中较为古旧的阿瓦桥是 1934 年由英国人建造的，属于火车、汽车和行人共用的大桥。阿瓦桥在"二战"时期发挥了很大的作用，当年大批中、英、美盟军和缅甸难民经由此桥撤退到中国和印度境内，大桥部分结构在"二战"时被摧毁，缅甸独立后才加以修复。在新桥建造之前，阿瓦桥一直是唯一的跨江大桥。桥头的附近有座堡垒遗址，是贡榜王朝为了抵挡英军侵略所建的防御工事，目前遗址还保留了几尊古老的铁炮和隧道。此刻刚好一列火车穿过铁桥，发出隆隆巨响，仿佛向当年抗英和抗日的缅甸军民致敬，缅怀他们奋勇御敌的事迹。

　　新桥则是伊洛瓦底大桥（Ayeyarwady Bridge），由中国企业承造，2008 年才完成启用。钢结构的设计，承载量和宽度远远超过原来旧的阿瓦桥。新桥中央为车辆使用，两侧可供行人通行。我站在桥头观景台上，眺望对岸堪称佛教名山的实皆山（Sagaing Hill），山上林木繁盛，且点缀了许多依山而建的佛塔和寺院，金色与白色的建筑错落有致。低头看去，江边停泊着不少等候接载乘客和运货的渡轮。江水静静流淌，时间也仿佛放慢了脚步。忽而一股清风迎面拂来，沁人心脾，此情此景，再惬意不过了！

　　旅游敏贡古城，我同样选择搭乘马车"的士"。沿着河边小径，缓缓走进古城的地界。现在的敏贡虽是河边小村，却拥有独特的佛塔和骄人的古文物遗迹。

　　首先映入眼帘的是一座砖砌建筑——敏贡佛塔（Mingun

钢骨结构的伊洛瓦底大桥

从桥头观景台上欣赏伊洛瓦底江风光及对面的实皆山

147

Paya），该塔为贡榜王朝孟云王的遗作，自1790年开始建造，按国王原本的计划，将建成高160米的巨型佛塔，怎料国王在1819年驾崩，建造工程因而中断，他的宏愿未能达成，否则佛塔势必成为当时世界上最大的砖砌佛塔。祸不单行，1838年的地震更进一步使佛塔毁坏倾塌，徒留约50米高的塔基部分，以及数道明显的裂痕。佛塔右侧有一条往上的阶梯，原本是通往塔基的顶端，然而2016年的地震之后，为了安全起见，政府已经封闭不准任何人进入。不过仍有胆大爱冒险的人陆续往上爬，或许他们是为了登高望远。我望见阶梯既高且直，其上又覆满砂石，为免发生意外，就放弃走上去的打算了。

按缅甸寺院的习惯，寺前都有一对半狮半龙的守护神辛特，敏贡佛塔亦不例外，留有一对巨型辛特。不过这对

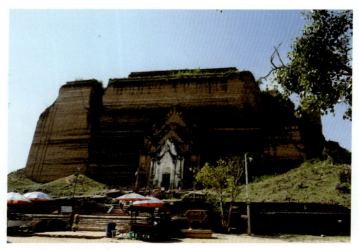

敏贡佛塔只剩塔基部分

守护神辛特前半部已崩塌，只剩后半部

辛特的损毁程度更甚于佛塔本身，前半部已经崩塌，仅存臀部一截巨大的残肢，但它们仍坚持不懈地守护着"半成品"的敏贡佛塔。

胸怀壮志的孟云王既想要建世界上最大的佛塔，又铸造了巨大的敏贡大钟。大钟距离敏贡佛塔不远，原先打算放于敏贡佛

重 90 余吨的敏贡大钟

洁白无瑕的欣毕梅塔

塔内，却因佛塔一直没有完工，便改放置在如今的位置。敏贡大钟为青铜材质，铸造于 1808 年，高 3.66 米，钟口直径 5 米，重 90 余吨，一度是世界上能正常运作的青铜巨钟中最重的。这个世界纪录一直保持到 2000 年中国河南重达 116 吨的世纪吉祥铜钟面世，才宣告打破。在这里，旅客可以亲自体验敲钟祈福，另外还可以如我一般钻进钟底，感受被震耳欲聋而回荡的钟声所包围。

巨钟过去一些，出现在面前的是座洁白无瑕的佛塔——欣毕梅塔（Hsinbyume Paya），该塔建于 1816 年，共有 7 层塔基，特别的地方在于每层塔基的栏杆呈现波浪状，如同一片白色的海洋，也有人认为它特殊的造型就像是一座奶油蛋糕塔。事实上这 7 层塔基代表的是佛教宇宙中心须弥山（Mt. Meru）的 7 座主峰。据说巴基道王建造这座佛塔是出于纪念他的第一任王妃——因难产过世的白象公主。

这个故事竟然与印度的泰姬陵毫无二致，又是一出皇家凄美的爱情故事。然而，"七重天"的白塔也无法幸免于1838年的地震中，直到1874年敏东王时期才加以修复。

当地亲切的僧尼

敏贡村落中尚有不少僧院，既是修行的地方，又是居所。对于我的登门造访，僧尼们都热情地接待，并向我介绍他们的修行状况。此处的生活环境相当清苦，却未影响到僧尼们诚心向佛的精神，令人打心底佩服不已。

游览途中，我与一群德国旅客不期而遇，便和他们一道探访一所佛教男女小学。这所学校是由政府和民间共同资助的，提供免费教学，如今有学生3000多名、任教职工77名。学生看起来都来自贫困的家庭，不管是学习的课本和用具等，资源都很匮乏，学校设施也相当简陋，办学条件非常艰苦。但这些孩子们的脸上丝毫没有表现出困苦生活造成的烦恼或伤感，他们依然面带灿烂的笑容，每个人看起来都精神奕奕，乐观豁达。或许是因为他们童真的本质，也或许从小耳濡目染的佛教信仰所造就。在这里任教的老师，不仅每天要认真为3000多名学生授课，还得照

佛教小学的教室

佛教小学的课堂情景

街头常见的小沙弥

顾学生的起居饮食，他们工作繁重，但却展现出敬业乐业、任劳任怨的精神状态。

　　行程已接近尾声，我拖着疲惫的身躯终于登上了实皆山（Sagaing Hill）。13世纪时，这里是掸邦的首都，古城佛塔寺院成群，这是蒲甘之外，缅甸另一个最富佛教气息的地方。

　　乌敏同佛塔（Umin Thounzeh）位于实皆山的山腰，是座沿着山壁修筑的寺院，寺院前有条新月形的平台长廊，造型特殊。从平台上可以环顾四周绿意盎然的山丘，俯瞰山下蜿蜒的伊洛瓦底江。

乌敏同佛塔外墙以粉嫩色彩搭配金色装饰

进入石窟式的寺院内，里面有 45 尊模样非常相似的石雕彩绘佛像一字排开，颇为壮观。室内的背景以绿色为基调，墙壁和地板用拼贴的方式呈现，色彩斑斓。外墙则是粉嫩的色彩搭配金色装饰，清新中带点华丽感，非常悦目。

　　回程途经一座近年才兴建的翡翠佛塔，整座佛塔包括基座全部由翡翠玉石建成，耗费超过千吨翡翠。单毛料的价值，就超过 2 亿多元人民币，更别提还有切工与雕刻等费用了，真的是价值连城。据说，有位虔诚的佛教徒是玉矿及玉石贸易的老板，他发家致富后，出资兴建佛塔，使用的玉石是他花了 25 年时间收集 A、B、C、D 四种级别的翡翠。塔内有一长廊介绍这位信徒发迹和建塔的艰辛历程，非常感人。该塔目前仍在扩建阶段，假以时日，必然会成

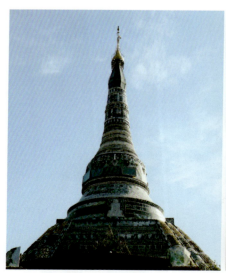

以千吨翡翠建造而成的翡翠佛塔

乌敏同佛塔内一字排开的石雕佛像

翡翠佛塔内有许多以玉石雕塑而成的佛像

为当地一处著名的佛教圣地。

受时间所限，我不得不结束古城的行程，返回曼德勒市区。为了不辜负导游拳拳盛意的邀请，我们来到江畔酒店的顶层露天酒吧休息。此刻夕阳西下，伊洛瓦底江面上又上演一幕日落的美景。天际间忽然出现一群群候鸟，自远而近，振翼飞翔，场面非常壮观。

镜头永远无法取代当下的感受，绚烂的佛教文化和信仰养育了虔诚纯朴的缅甸人民，特殊的历史背景使得这个国家在外界眼中依然带有一层面纱，并获得"亚洲隐士"的称号。在全球一体化的趋势下，曾经的封闭锁国，到现在的逐步开放，缅甸正向世人清晰地传达一个信息：欢迎到这个美丽的国度一探究竟。

缅甸，未到过的朋友们，请务必来走一趟。

排成人字的雁群

候鸟群与落日相辉映